CONTEÚDO DIGITAL PARA ALUNOS

Cadastre-se e transforme seus estudos em uma experiência única de aprendizado:

Escaneie o QR Code para acessar a página de cadastro.

Complete-a com seus dados pessoais e as informações de sua escola.

Adicione ao cadastro o código do aluno, que garante a exclusividade de acesso.

2481602A1412393

Agora, acesse:
www.editoradobrasil.com.br/leb
e aprenda de forma inovadora
e diferente! :D

Lembre-se de que esse código, pessoal e intransferível, é válido por um ano. Guarde-o com cuidado, pois é a única maneira de você utilizar os conteúdos da plataforma.

AKPALÔ
LÍNGUA PORTUGUESA

COLEÇÃO AKPALÔ

Lenita Venantte
- Licenciada em Letras pela Pontifícia Universidade Católica do Paraná (PUC-PR)
- Pós-graduada em Língua Portuguesa e Literatura Brasileira pela Universidade Tecnológica Federal do Paraná (UTFPR)
- Professora de Língua Portuguesa do Ensino Fundamental e Ensino Médio nas redes particular e pública de ensino

Alexandre Ribeiro de Lima
- Licenciado em Letras pela Pontifícia Universidade Católica do Paraná (PUC-PR)
- Pós-graduado em Contação de Histórias e Literatura Infantojuvenil pela Faculdade de Ampére (Famper)
- Pós-graduado em Literatura Brasileira e História Nacional pela Universidade Tecnológica Federal do Paraná (UTFPR)
- Professor de Língua Portuguesa e Produção de Textos do Ensino Fundamental na rede particular de ensino

4º ANO
Ensino Fundamental
Anos Iniciais

LÍNGUA PORTUGUESA

Palavra de origem africana que significa "contador de histórias, aquele que guarda e transmite a memória do seu povo".

São Paulo, 2019
4ª edição

Editora do Brasil

Dados Internacionais de Catalogação na Publicação (CIP)
(Câmara Brasileira do Livro, SP, Brasil)

Venantte, Lenita
  Akpalô língua portuguesa, 4º ano / Lenita Venantte, Alexandre Ribeiro de Lima. – 4. ed. – São Paulo: Editora do Brasil, 2019. – (Coleção akpalô)

  ISBN: 978-85-10-07596-1 (aluno)
  ISBN: 978-85-10-07597-8 (professor)

  1. Português (Ensino fundamental) I. Lima, Alexandre Ribeiro de. II. Título III. Série.

19-27336   CDD-372.6

Índices para catálogo sistemático:
1. Português : Ensino fundamental 372.6
Maria Alice Ferreira - Bibliotecária - CRB-8/7964

4ª edição / 1ª impressão, 2019
Impresso na AR Fernandez Gráfica

Rua Conselheiro Nébias, 887
São Paulo, SP – CEP 01203-001
Fone: +55 11 3226-0211
www.editoradobrasil.com.br

© Editora do Brasil S.A., 2019
Todos os direitos reservados

Direção-geral: Vicente Tortamano Avanso

Direção editorial: Felipe Ramos Poletti
Gerência editorial: Erika Caldin
Supervisão de arte e editoração: Cida Alves
Supervisão de revisão: Dora Helena Feres
Supervisão de iconografia: Léo Burgos
Supervisão de digital: Ethel Shuña Queiroz
Supervisão de controle de processos editoriais: Roseli Said
Supervisão de direitos autorais: Marilisa Bertolone Mendes

Supervisão editorial: Selma Corrêa
Coordenação pedagógica: Regina Lúcia, Josiane Sanson
Edição: Maria Cecília Fernandes Vannucchi e Simone D'Alevedo
Assistência editorial: Camila Grande, Gabriel Madeira, Mariana Gazeta Trindade e Olivia Yumi Duarte
Apoio editorial: Mirella Stivani
Copidesque: Gisélia Costa, Ricardo Gonçalves e Sylmara Beletti
Revisão: Elaine Silva, Flávia Gonçalves, Gabriel Ornelas, Marina Moura e Martin Gonçalves
Pesquisa iconográfica: Amanda Felício, Daniel Andrade e Joanna Heliszkowski
Assistência de arte: Lívia Danielli e Samira de Souza
Design gráfico: Estúdio Sintonia e Patrícia Lino
Capa: Megalo Design
Imagens de capa: lisegagne/iStockphoto.com, PeopleImages/iStockphoto.com e Roman_Gorielov/iStockphoto.com
Ilustrações: Bruna Assis (abertura de unidades), Camila Hortencio, Clarissa França, Claudia Marianno, DAE, Evandro Marenda, Fábio Nienow, Marcos Machado, Marilia Pirillo, Mario Yoshida, Rodrigo Arraya e Waldomiro Neto
Produção cartográfica: DAE (Departamento de Arte e Editoração), Mario Yoshida
Coordenação de editoração eletrônica: Abdonildo José de Lima Santos
Editoração eletrônica: Talita Lima
Licenciamentos de textos: Cinthya Utiyama, Jennifer Xavier, Paula Harue e Renata Garbellini
Produção fonográfica: Jennifer Xavier e Cinthya Utiyama
Controle de processos editoriais: Bruna Alves, Carlos Nunes, Rafael Machado e Stephanie Paparella

Querido aluno,

Fizemos este livro pensando em você, que gosta de aprender e de saber o porquê das coisas.

Nele, você lerá textos divertidos, poéticos, curiosos e cheios de informações. Também vai escrever, trocar ideias, ouvir histórias, cantar e brincar!

Com este livro, queremos que você desenvolva os conhecimentos da Língua Portuguesa que já possui e aprenda sempre mais, para interagir com as pessoas pela fala e pela escrita usando cada vez melhor os recursos da nossa língua.

Que este ano seja divertido e com muitas descobertas!

Um abraço,
Os autores

Sumário

UNIDADE 1
Aventuras no mar 8

Se eu fosse para uma ilha deserta 10

Texto 1 – Romance de aventura: "Robinson Crusoé" (trecho), de Daniel Defoe 11
- **Estudo do texto** 13
- **Estudo da língua:** Vocativo e uso da vírgula 16

Texto 2 – Relato de viagem: "Férias na Antártica" (trecho), de Laura, Tamara e Marininha Klink 18
- **Estudo do texto** 20
- **Aí vem história:** "Viagens de Gulliver", de Jonathan Swift 21
- **Estudo da escrita:** Letras f/v e t/d 22
- **Produção de texto:** Relato 24
- **#Digital:** Relato de viagem 26

- Revendo o que aprendi 28
- Para ir mais longe 31

UNIDADE 2
Culturas que são parte de mim 32

Quiz: culturas indígenas e culturas africanas 34

Texto 1 – Conto: "A formiga no mar", de Manuel Rui 35
- **Estudo do texto** 37
- **Estudo da escrita:** Grafia e som da letra **c** 40

Texto 2 – Conto tradicional indígena: "Oporanduja, o sapo pidão", de Jera Giselda Guarani 42
- **Estudo do texto** 45
- **Aí vem história:** "A lenda da mandioca: lenda dos índios tupi", adaptação de Maria Thereza Cunha de Giacomo 48
- **Um pouco mais sobre:** Sapos meteorologistas 49
- **Estudo da língua:** Aposto explicativo 50
- **Como eu vejo:** Povos indígenas no Brasil .. 52
- **Como eu transformo:** A riqueza da variação linguística 54
- **Oralidade:** Exposição oral 55
- **Produção de texto:** Reescrita de conto tradicional indígena 56

- Revendo o que aprendi 58
- Para ir mais longe 61

Evandro Marenda

UNIDADE 3
Encenar e aprender 62

Gato mia 64

Texto 1 – Texto dramático:
"O casamento da Emília" (trecho),
adaptação de Júlio Gouveia 65
- Estudo do texto 70
- Estudo da língua: Sinais de pontuação
  (reticências, parênteses, dois-pontos) 73
- Oralidade: Texto dramático 75

Texto 2 – Conto de artimanha: "A panela
mágica", de Júlio Emílio Braz 76
- Estudo do texto 78
- Aí vem história: "Ananse vira dono
  das histórias", de Adwoa Badoe
  e Baba Wagué Diakité 81
- Estudo da escrita: Ditongo e tritongo ... 82
- Produção de texto: Conto de artimanha ... 85

- Revendo o que aprendi 86
- Para ir mais longe 89

UNIDADE 4
Por um mundo melhor 90

Encontre os pares corretos! 92

Texto 1 – Artigo de divulgação científica:
"A dengue em crianças",
de Andressa Spata 93
- Estudo do texto 95
- Estudo da escrita: Uso de -oso/-osa
  e -ez/-eza 98

Texto 2 – Fôlder 100
- Estudo do texto 103
- Estudo da língua: Uso da pontuação ... 105
- Um pouco mais sobre:
  Água 107
  Contas de água 108
- Aí vem história: "Hora do banho",
  de Cláudio Thebas 109
- Produção de texto: Fôlder 110
- Oralidade: Seminário 111

- Revendo o que aprendi 112
- Para ir mais longe 115

UNIDADE 5
Em seu lugar 116

Basquete cooperativo 118

Texto 1 – História em quadrinhos (HQ): "Horácio", de Mauricio de Sousa 119
- Estudo do texto 122
- Estudo da língua: Concordância nominal 126

Texto 2 – Poema narrativo: "Meu amigão!", de Pedro Bandeira 128
- Estudo do texto 129
- Um pouco mais sobre: Poemas 131
- Estudo da escrita: Acentuação das palavras 133
- Aí vem história: "Benjamin", de Biagio D'Angelo 134
- Produção de texto: HQ 135

- Revendo o que aprendi 136
- Para ir mais longe 139

UNIDADE 6
Crianças e suas ideias 140

Brincar de falar! 142

Texto 1 – Notícia: "Menina de apenas 12 anos cria biblioteca no sertão da Bahia", *Metrópoles* 143
- Estudo do texto 144
- Um pouco mais sobre: Entrevista 146
- Estudo da escrita: Acentuação gráfica de palavras oxítonas e paroxítonas – Parte 1 148

Texto 2 – Reportagem: "A maior biblioteca do mundo", de Raquel dos Santos Funari 150
- Estudo do texto 153
- Estudo da língua: Flexões do verbo – Parte 1 155
- Aí vem história: *O pequeno príncipe*, de Antoine de Saint-Exupéry 157
- #Digital: A evolução da comunicação ... 158
- Produção de texto: Entrevista e notícia .. 160
- Oralidade: Jornal falado 162

- Revendo o que aprendi 164
- Para ir mais longe 167

Marilia Pirillo

UNIDADE 7
Cuidar e proteger 168

Dobradura 170

Texto 1 – Carta de reclamação: "Gatos e sujeira", *Cruzeiro do Sul* 171
- **Estudo do texto** 173
- **Estudo da língua:** Flexões do verbo – Parte 2 177

Texto 2 – Texto instrucional: "Amigo é pra se cuidar", *Rede de Defesa e Proteção Animal da Cidade de Curitiba* 179
- **Estudo do texto** 181
- **Aí vem história:** "Com Zeus", de Gloria Kirinus 183
- **Estudo da escrita:** Acentuação gráfica de palavras oxítonas e paroxítonas – Parte 2 184
- **Um pouco mais sobre:** Direitos dos animais 185
- **Produção de texto:** Carta de reclamação 186
- **Produção de texto:** Texto instrucional 188
- **Oralidade:** Vídeo tutorial 190

- Revendo o que aprendi 192
- Para ir mais longe 195

UNIDADE 8
Festas e mais festas 196

Brincar de bicho! 198

Texto 1 – Verbete de enciclopédia: "Folclore", *Britannica Escola* 199
- **Estudo do texto** 201
- **Estudo da língua:** Concordância verbal 205

Texto 2 – Agenda cultural: "Festival de Curitiba: guia oficial 2017", *site* do Festival de Curitiba 207
- **Estudo do texto** 209

- **Aí vem história:** *A roupa nova do imperador*, coordenação de Edson Meira 211
- **Estudo da escrita: Aonde** e **onde** 212
  Letra **h** 213
- **Produção de texto:** Verbete de enciclopédia infantil 214

- Revendo o que aprendi 216
- Para ir mais longe 219

UNIDADE 9
Tempo de ser criança 220

Coisa de criança 222

Texto 1 – Cartilha educativa: "Saiba tudo sobre o trabalho infantil", de Ziraldo 223
- **Estudo do texto** 225
- **Estudo da língua:** Pronomes e organização do texto 227

Texto 2 – Artigo de opinião: "Por que criança não pode trabalhar", de Helio Mattar 229
- **Estudo do texto** 230
- **Aí vem história:** "Jovem defensora da paz", de Marcelo Garcia 232
- **Produção de texto:** Artigo de opinião 233
- **Estudo da escrita: Mais** e **mas** 234
- **Como eu vejo:** Uma sala de aula diferente 236
- **Como eu transformo:** Educação é um direito de todos 238
- **Oralidade:** Debate 239

- Revendo o que aprendi 240
- Para ir mais longe 243

Aí vem história – Textos 244
Atividades para casa 264
Referências 300
Encartes 301

UNIDADE 1
Aventuras no mar

- Você já viu o mar? Se viu, onde foi? Conte aos colegas.
- Observe a imagem destas páginas. Como o mar está representado?
- Você conhece alguma história de aventuras que se passa no mar? Se conhece, qual é ela?

Se eu fosse para uma ilha deserta...

Você vai participar de uma brincadeira em que, junto com os colegas, irá pensar no que levaria se fosse para uma ilha deserta!

Siga as orientações do professor e divirta-se! Você precisará ficar bem atento e, além da imaginação, exercitar a memória!

1. Você gostaria de viajar para uma ilha deserta? Se pudesse viver uma história de aventuras, qual seria? Conte aos colegas.

2. Agora, leia o trecho de um texto que conta as aventuras de um jovem inglês no mar, escrito há mais de 300 anos. Como você imagina que seja a história?

Romance de aventura

Robinson Crusoé (trecho)
Ao mar

Nasci em 1632, na cidade de York, Inglaterra. Meu pai vinha de Bremen, na Alemanha, e era da família Kreutznaer; minha mãe era inglesa, de sobrenome Robinson. Portanto, meu nome é Robinson Kreutznaer. Porém, como em meu país ninguém conseguia pronunciar esse nome, passei a ser chamado de Robinson Crusoé.

Sempre quis sair pelo mundo em aventuras. Contudo, meu pai era um comerciante muito cuidadoso, e fez um discurso feroz contra essa minha vontade. Tentei convencer minha mãe de que queria ir ao mar. Os dois ficaram bravos comigo, pois desejavam que eu permanecesse em casa e aprendesse uma profissão decente.

> Você acha que Robinson obedeceu aos pais ou decidiu se aventurar no mar?

Um dia, quando eu tinha dezenove anos, fui com um amigo até o porto de Hull. Ele ia embarcar no navio de seu pai, que seguiria para Londres, e convidou-me para acompanhá-lo. Lembrei dos sábios conselhos de meu pai, mas o chamado da aventura foi mais forte. Embarquei como marinheiro sem avisar ninguém da minha família.

Logo no primeiro dia, fiquei muito enjoado com o movimento do mar. Um vento forte começou a soprar, o navio balançou muito e pensei que fosse morrer. Mais tarde, o tempo clareou e os outros marinheiros riram de mim.

– Você pensou que aquilo era uma tempestade? Que nada, foi só um ventinho à toa.

[...] No sexto dia, o vento parou e ficamos descansando numa calmaria. Ninguém parecia preocupado; o mestre deu ordem para baixar âncora não muito longe da costa.

Enquanto os marinheiros dormiam e contavam piadas, começou um vento fortíssimo, que assustou todos aqueles velhos lobos do mar. Eles correram para recolher as velas, e vimos dois navios que estavam por perto afundarem.

> E agora, o que será que vai acontecer? Será que o navio de Crusoé também vai afundar?

A tempestade durou a noite inteira, e começou a entrar água no porão por um buraco no casco. Ajudei a bombear água para fora. Apesar de todo mundo trabalhar muito, o navio começou a afundar. Eu quase desmaiei de medo. O contramestre dava tiros no ar para pedir ajuda. Um outro navio mandou um bote pelas águas bravas para nos salvar.

Abandonamos o navio e remamos com todas as nossas forças para a praia. Quando olhamos para trás, vimos nosso navio afundar de repente, levando toda a carga para o fundo do mar. Se ainda estivéssemos a bordo, todos nós teríamos morrido!

Em terra, as pessoas do vilarejo nos receberam muito bem e lamentaram o nosso desastre. Deram-nos comida e um pouco de dinheiro para podermos voltar para casa.

[...]

Daniel Defoe. *Robinson Crusoé*. 2.ed. São Paulo: Scipione, 2014. p. 5-7. (Coleção Reencontro Infantil).

Glossário

A bordo: que está dentro de uma embarcação.
Âncora: peça de ferro que se atira à água para impedir que a embarcação se mova.
Casco: parte externa do navio, que possibilita que ele flutue.
Contramestre: substituto do capitão no comando de um navio.

Quem escreveu?

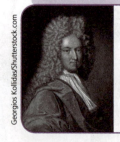

Daniel Defoe nasceu em 1660, em Londres, Inglaterra, e morreu em 1731. Além de ter sido escritor e jornalista, teve muitas outras profissões, foi até espião do rei. Entre seus livros, o mais famoso é o romance de aventuras *Robinson Crusoé*, que ficou conhecido no mundo todo e é lido até hoje.

Estudo do texto

1 O texto que você leu começa assim:

Nasci em 1632, na cidade de York, Inglaterra.

a) Quem "fala" com o leitor e se apresenta a ele nessa frase? Que palavra mostra isso?

_____

b) Em qual trecho do texto a pessoa que conta a história diz o próprio nome e revela como passou a ser chamado? Circule o trecho no texto.

> Para que o leitor de um romance (e de outros tipos de narrativa) entenda onde e quando se passa a história e quem são os personagens, é preciso que alguém conte tudo isso. Esse alguém é o **narrador**.
>
> Quando o narrador é um dos personagens, dizemos que ele é um **narrador-personagem**. A narrativa em que há um **narrador-personagem** é escrita na 1ª pessoa.

2 Quem é o narrador do texto lido? Trata-se de um narrador-personagem? Explique.

_____
_____
_____

3 Numere as frases na ordem em que os acontecimentos são narrados no texto.

☐ Robinson Crusoé embarcou em um navio que seguia para Londres.

☐ Os marinheiros riram de Robinson, que tinha ficado com medo.

☐ Um vento forte começou a soprar, e o navio balançou muito.

☐ O navio onde Robinson Crusoé estava começou a afundar.

☐ As pessoas do vilarejo deram comida e dinheiro aos marinheiros.

☐ Começou um vento muito forte, e dois navios que estavam perto da embarcação de Robinson Crusoé afundaram.

☐ Um navio mandou um bote para a tripulação, que remou até a praia.

4 Releia os dois primeiros parágrafos do texto. Eles contam aventuras do personagem? Qual é o assunto desses parágrafos?

_____
_____
_____

5 Releia o trecho abaixo.

Sempre quis sair pelo mundo em aventuras. Contudo, meu pai era um comerciante muito cuidadoso, e fez um discurso feroz contra essa minha vontade. Tentei convencer minha mãe de que queria ir ao mar. Os dois ficaram bravos comigo [...].

a) Os pais de Robinson valorizavam a segurança do filho. E ele, o que valorizava?

_____
_____

b) Quem você acha que tinha mais razão, Robinson ou seus pais? Por quê?

_____
_____

c) O que significa "fazer um discurso feroz"?

_____
_____

d) Quem narra a história é o próprio Robinson Crusoé. Para você, o modo de ele contar a história faz o leitor pensar que é ele quem tem razão, e não seus pais? Explique.

_____
_____
_____

e) Seus pais ou responsáveis por você já fizeram um "discurso feroz" contra uma vontade sua? Como foi?

6 Um acontecimento levou Robinson Crusoé a viver sua primeira aventura. Circule o parágrafo em que é narrado esse fato.

7 No sexto dia de viagem, tudo estava calmo, mas começa uma tempestade. Releia.

[...] começou um vento fortíssimo, que assustou todos aqueles velhos lobos do mar.

a) Que palavras, nesse trecho, ajudam o leitor a imaginar a força da tempestade? Sublinhe-as.

b) Em que momento do dia começou a tempestade? Em sua opinião, uma tempestade nessa parte do dia pode ser mais assustadora?

_____
_____
_____
_____

> Romance é um texto narrativo mais ou menos longo no qual se contam histórias de ficção, isto é, inventadas.
>
> Nos **romances de aventura**, geralmente o personagem principal sai pelo mundo em busca de aventuras e enfrenta situações perigosas e desafiadoras. O lugar e o momento em que se passam os acontecimentos podem ajudar a criar o clima de suspense e perigo.

8 Releia estes trechos.

Nasci em 1632, na cidade de York, Inglaterra.
Sempre quis sair pelo mundo em aventuras.
Um dia, quando eu tinha dezenove anos, fui com um amigo até o porto de Hull. [...]

a) Circule as palavras ou expressões que indicam quando aconteceu o que está sendo narrado.

b) Sublinhe, nas páginas 11 e 12, outras palavras ou expressões do texto que indiquem tempo.

Marília Pirillo

> Nos romances de aventura, assim como em outras narrativas, algumas palavras e expressões indicam ao leitor quando se passa a história e qual é a sequência dos acontecimentos. Exemplos: **um dia**, **quando chegaram**, **uma semana depois** etc.

15

Estudo da língua

Vocativo e uso da vírgula

1 A tirinha a seguir faz parte da série "Artur, o Arteiro", do cartunista Rafael Corrêa e publicada em livros e na internet. Leia-a para fazer as atividades.

a) O que Artur está fazendo nos dois primeiros quadrinhos da tirinha?
_____

b) Como você acha que a pergunta da mãe poderia ser respondida?
_____
_____

c) Além da fala da mãe, o que revela que o menino está doente?
_____
_____

d) Circule o sinal de pontuação que vem antes da palavra "gurizinho" e escreva o nome dele: _____.

> Na língua escrita, os **sinais de pontuação**, como a **vírgula (,)**, orientam a leitura, indicam entonação, perguntas, pausas, declarações, emoções etc., e ajudam a deixar claro o sentido do texto.

e) Sublinhe, na tirinha, a palavra que vem depois da vírgula (,). O que você acha que ela significa? Converse com os colegas.

16

f) Se o autor dessa tirinha fosse alguém da região em que você mora, o que poderia estar escrito no lugar de "gurizinho"? Escreva essa palavra no balão de fala.

g) Agora, reescreva a fala da mãe colocando no início da frase a palavra que você sublinhou como resposta da atividade da letra **e**.

_____

_____

h) Para que a palavra "gurizinho" foi usada pela mãe?

_____

_____

2 Ligue as colunas de modo que as frases formadas tenham sentido.

a) Você, Poliana,   venham à próxima reunião.

b) Pais e responsáveis,   é muito estudiosa.

c) Por favor, filho,   alimente-se para melhorar logo.

3 Na tirinha e nas frases acima, o que os termos "gurizinho", "Poliana", "pais e responsáveis" e "filho" indicam? Assinale a alternativa correta.

☐ Um chamamento.   ☐ Uma explicação.   ☐ Uma pergunta.

4 Que sinal de pontuação aparece depois dos termos mencionados na atividade anterior **ou** antes deles?

_____

> As palavras usadas para chamar alguém recebem o nome de **vocativo** e normalmente são seguidas de vírgula ou estão entre duas vírgulas.

Texto 2 — Relato de viagem

1 O texto que você lerá a seguir faz parte de um livro chamado *Férias na Antártica*. Leia as informações sobre as autoras e a obra.

Laura, Tamara e Marininha Klink são filhas do navegador e escritor Amyr Klink e da velejadora e fotógrafa Marina Klink.

Em 2006, a bordo do veleiro Paratii 2, elas conheceram a Antártica. As irmãs eram crianças: Laura e Tamara tinham 9 anos e Marininha, 6.

Anos depois, com a colaboração de dois educadores, Selma Maria e João Vilhena, elas escreveram o livro *Férias na Antártica*, no qual registraram parte de suas aventuras no continente gelado.

Fonte: <www.irmasklink.com.br>. Acesso em: 4 jul. 2018.

▶ Na fotografia de 2012, Marininha está à esquerda, Tamara no meio, e Laura à direita. Argentina.

a) Você já leu algum livro escrito por crianças? Conte aos colegas e ao professor.

b) Que aventuras você imagina que as irmãs vivenciaram nessa viagem?

2 Agora, leia o título do trecho a seguir. Que tesouro será esse?

Férias na Antártica (trecho)

Caça ao tesouro

Desde pequenas, sabemos que os piratas dão a vida para encontrar tesouros. E nós ficamos impressionadíssimas quando nosso pai disse em nossa primeira viagem à Antártica que iríamos procurar um tesouro deixado anos atrás por ele e seus amigos em um lugar chamado Pleneau. Pensávamos: "Pleneau, onde fica esse lugar? O que será que é esse tesouro? Como iríamos encontrá-lo no meio da neve?" Estávamos curiosas. Não conseguimos descobrir mais nada.

O que sabíamos era que, quando esse tesouro foi guardado, cada um do grupo de amigos do nosso pai escolheu uma coisa que gostava para deixar escondida, e também que tudo estava dentro de uma caixa laranja. Provavelmente a caixa era desta cor para ficar mais fácil de ser encontrada no gelo.

Contávamos com a ajuda de um GPS, mas como nosso pai dizia, tínhamos que ter sorte, porque ele tem uma margem de erro de até 10 metros. Isso representa muito trabalho no meio daquela neve toda! Começamos a cavar o buraco torcendo para encontrar logo. Cavamos, cavamos e cavamos e, quando ninguém mais aguentava cavar, nosso pai continuou sozinho.

▶ Para finalmente encontrarmos nosso tesouro foram três dias de escavações.

A escavação durou mais três dias e, é claro, o único que continuou cavando foi nosso pai. A essa altura, o que fazíamos era ficar reclamando porque ele não havia encontrado nada ainda! Mas, finalmente, depois de cavar um buraco do tamanho de um elefante, nós vimos a tal caixinha laranja e começamos a gritar.

Tivemos duas grandes surpresas. Uma era que havia uma dura placa de gelo por cima da caixa. Podíamos vê-la, mas era impossível chegar até ela. Mais trabalho para o nosso pai... Foi duro, mas finalmente conseguimos alcançá-la! A outra surpresa era que, depois de quase explodirmos de alegria, ficamos paralisadas, não pelo frio, mas porque vimos dentro da caixinha apenas uma garrafa [...], um cabo azul, um pouco de dinheiro e algumas fotos. Ficamos sem graça... e a Marininha foi quem perguntou: "Mas pai, cadê as joias, as pérolas e os colares de diamantes?"

A sensação de decepção durou alguns dias porque tinha dado muito trabalho para achar. Mas nós tivemos uma ideia: fazer um tesouro para deixar escondido no mesmo lugar. Ali colocamos coisas que nós gostamos, como pequenos brinquedos, presilhinhas de cabelo e desenhos feitos por nós. Assim, já teríamos um bom motivo para voltar para lá. E esse tesouro nós mesmas fizemos e nosso pai nos ajudou a escondê-lo num lugar secreto. Esse, sim, se tornou um tesouro de verdade para nós.

Laura, Tamara e Marininha Klink. *Férias na Antártica*. São Paulo: Peirópolis, 2014. p. 24, 25.

Estudo do texto

1 Converse sobre as atividades a seguir.

a) Antes da leitura de "Caça ao tesouro", você imaginou como seria a história. A história corresponde ao que você pensou? Por quê?

b) Como você explica o título do texto?

c) Pleneau é uma ilha da Antártica. Os leitores precisam saber onde fica essa ilha para entender o texto "Caça ao tesouro"? Explique.

2 Marque um **X** na frase que melhor resume o texto "Caça ao tesouro".

☐ Três meninas procuram um tesouro na Antártica, mas não o encontram.

☐ Três irmãs ajudam o pai a desenterrar um tesouro na Antártica.

☐ Três meninas contam os perigos que correram numa viagem à Antártica.

3 Podemos afirmar que o pai das meninas conhecia a região onde estava o tesouro?

☐ Sim.   ☐ Não.

◆ Circule um trecho do texto que justifique sua resposta.

Camila Hortencio

4 O texto é narrado na 1ª pessoa do plural. Sublinhe, no texto, formas verbais e pronomes que comprovem isso.

5 Os fatos relatados em "Caça ao tesouro" aconteceram de verdade ou foram criados pelas autoras? Explique.

_____

_____

_____

6 Como as irmãs se sentiram quando o pai disse que iriam procurar um tesouro? Que trechos do primeiro parágrafo mostram esse sentimento?

_____

_____

7 Quando o tesouro é encontrado, as meninas têm duas surpresas.

a) Quais foram as surpresas?

_____

_____

b) Decepcionadas com o tesouro, que ideia elas tiveram?

_____

_____

8 O texto "Caça ao tesouro" trata de situações que:

☐ aconteceram no passado.

☐ acontecem no presente.

☐ acontecerão no futuro.

9 Copie, do texto, quatro palavras que justifiquem sua resposta à atividade anterior.

_____

_____

> Os textos que apresentam fatos reais vividos por alguém são chamados de **relatos**. Existem diversos tipos de relato, entre eles o **relato de viagem**, como "Caça ao tesouro".
>
> Nos relatos de viagem, costuma haver informações sobre o local para onde se viajou e a descrição de lugares e paisagens.
>
> Além disso, o autor pode relatar situações interessantes que viveu e contar o que sentiu ou pensou durante a viagem. Geralmente, os verbos desse tipo de texto estão no passado.

Aí vem história

Você já ouviu falar no livro *Viagens de Gulliver*, de Jonathan Swift? Nessa famosa narrativa de aventuras, o médico inglês Gulliver viaja pelo mundo e conhece diversos povos, dos homenzinhos de Lilipute aos distraídos habitantes da Ilha Voadora. Leia um trecho desse texto na página 244, seguindo a orientação do professor.

Letras f/v e t/d

1. Encontre no diagrama 11 palavras que tenham **V** ou **F**.

A	Q	E	X	J	V	D	E	K	O	L	B
A	N	L	T	Z	F	O	R	T	E	C	S
M	F	E	Q	U	V	E	N	T	O	F	R
F	E	F	V	R	G	T	V	C	A	R	M
A	R	A	F	V	O	N	T	A	D	E	V
M	O	N	T	T	F	R	L	V	P	S	I
Í	Z	T	P	R	O	F	I	S	S	Ã	O
L	Q	E	T	B	G	G	Z	N	S	X	A
I	V	I	L	A	R	E	J	O	W	T	E
A	W	L	M	P	R	S	S	B	V	I	P
P	S	A	V	A	V	I	A	G	E	M	H
C	C	V	X	T	F	B	Y	A	L	H	D
R	J	C	V	B	R	A	V	O	A	T	O

2. Escreva no quadro a seguir as palavras encontradas no diagrama de acordo com a indicação.

Palavras com V	Palavras com F

3 Leia o par de palavras a seguir.

veloz – feroz

a) O que mudou de uma palavra para outra?

_____

b) Com as mudanças que você identificou, o que aconteceu?

_____

c) Podemos concluir, então, que a mudança de uma ou mais letras:

☐ nunca determina o sentido de uma palavra.

☐ pode determinar o sentido de uma palavra.

4 Encontre, no **Texto 1** e no **Texto 2**, três palavras que tenham **d** e três palavras que tenham **t** e copie-as.

_____   _____

_____   _____

_____   _____

5 Agora encontre, no **Texto 1** e no **Texto 2**, três palavras que tenham **t** e **d** na mesma palavra.

_____

_____

6 Leia as sílabas a seguir e forme com elas duas palavras.

a) | TI | DI | A |

c) | TA | DA | TO | DO |

_____   _____

b) | TE | DE | LA |

d) | GA | DA | TO | DO |

_____   _____

Produção de texto

Relato

Agora é sua vez de escrever um relato. Sua produção pode ser publicada no *site* da escola, em um *blog* da turma, ou fazer parte de um livro de relatos que integrará o acervo da biblioteca da escola. Vamos lá?

Planejamento

1. Pense em alguma viagem ou passeio que tenha sido marcante para você. Se escolher falar de uma viagem, decida se vai relatar a viagem toda ou apenas um fato (como em "Caça ao tesouro").

2. Para planejar o texto, pense nestas questões:
   - Para qual lugar você viajou ou em que local foi o passeio?
   - Quando você fez a viagem ou o passeio?
   - Como você chegou ao local (a pé, de carro, de avião, de outra forma)?
   - Como é o lugar? O que ele tem de diferente ou interessante?
   - Com quem você estava e o que vocês fizeram?
   - Aconteceu algo emocionante, perigoso ou engraçado?
   - Como você se sentiu nessa viagem ou passeio? Por que foi um acontecimento especial para você?

Escrita

Agora escreva o texto.

1. Relate os acontecimentos na ordem em que ocorreram e use narrador em 1ª pessoa. Informe a data dos fatos principais e use palavras e expressões como **nesse dia**, **quando chegamos**, **depois**, **no fim** etc.
2. Conte os fatos no passado, pois eles já aconteceram.
3. Use **eu**, **nós** e outras palavras que mostrem ao leitor que você viveu os fatos que está relatando. Por exemplo: **cheguei**, **vi**, **nós dormimos** etc.
4. Descreva os lugares para o leitor imaginar como eles são. Veja, por exemplo, a descrição que as irmãs Klink fizeram neste trecho:

Quanto mais nos aproximamos da Antártica, maior é o número de *icebergs*. Eles vão surgindo, com formatos e tamanhos diferentes. O que varia bastante também são as cores. É, as cores! Dependendo da posição do sol, das condições climáticas do dia, do tamanho do *iceberg*, da largura da parede de gelo [...] e de outros elementos, um *iceberg* pode ser muito diferente do outro.

Laura, Tamara e Marininha Klink. *Férias na Antártica*. São Paulo: Peirópolis, 2016. p. 16.

Iceberg: grande massa de gelo flutuante.

▶ *Iceberg* na paisagem da Antártica.

5. Conte ao leitor suas impressões sobre a viagem ou o passeio, ou seja, diga o que você pensou ou sentiu.
6. Dê um título ao relato e ilustre-o com fotografias ou desenhos.

Revisão

Quando terminar, releia o relato e confira se:
- os fatos foram contados na ordem em que aconteceram;
- há palavras que mostram que as vivências aconteceram de verdade com você;
- foi usado narrador em 1ª pessoa;
- os fatos foram contados no passado;
- você descreveu o lugar;
- você fala de suas impressões;
- as palavras estão escritas corretamente.

Reescrita

Releia seu texto e altere o que for necessário: você pode cortar alguma parte, incluir mais informações ou apenas mudar a forma de contar a história. Depois da leitura do professor, siga as orientações dele.

Divulgação

Você e os colegas poderão publicar o texto na internet ou ajudar o professor a compor um livro de relatos da turma para entregar à biblioteca da escola.

Relato de viagem

Quando são publicados na internet, os relatos de viagem podem ser enriquecidos com recursos do meio digital, como vídeos e *links*. Observe o relato da personagem Julieta, de Ziraldo.

Ziraldo. *Diário da Julieta 3*. São Paulo: Globo, 2012. p. 78.

Glossário

Link: palavra em inglês que significa "elo, ligação". Costuma-se chamar assim os textos ou imagens que, quando clicados, direcionam o internauta a outras páginas da *web*.

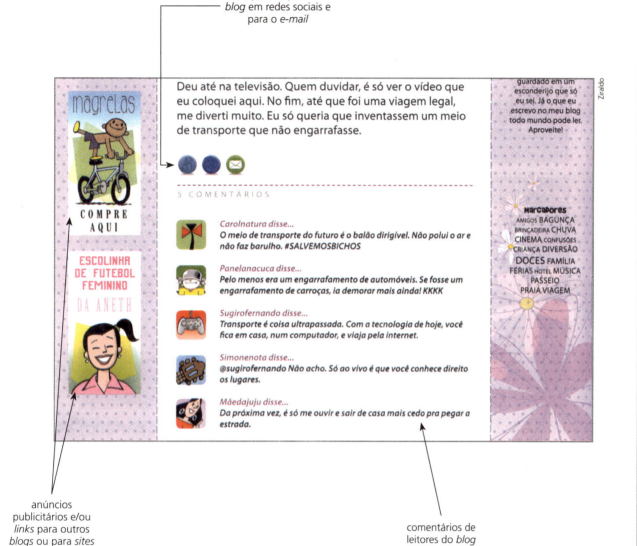

Agora, vamos publicar no *site* da escola ou em um *blog* da turma o relato que você escreveu. Siga as orientações do professor.

1. Digite seu texto no computador usando um programa de edição de textos.
2. Procure na internet imagens ou vídeos que ajudem os leitores a entender o que você viu e sentiu durante a viagem ou o passeio.
3. Além de fotografias e vídeos, com a ajuda do professor você pode criar *links*. Coloque *links* de *sites* para que os leitores possam acessá-los.
4. Quando todos os relatos da turma estiverem publicados, leia os relatos dos colegas e comente-os em classe.

Revendo o que aprendi

1 Leia o texto a seguir e faça o que se pede.

[...]

Nasci na região de Nottinghamshire, na Inglaterra. Meus pais tiveram cinco filhos, dos quais eu era o terceiro.

Quando completei catorze anos, eles me mandaram estudar na cidade de Cambridge, que tem uma das maiores universidades do mundo. Fiquei ali por três anos e depois, como o custo de minha manutenção era alto demais para meus pais, fui trabalhar em Londres como aprendiz de um médico-cirurgião chamado James Bates. Aproveitei para estudar matemática e navegação com mais dedicação, pois comecei a perceber que, mais cedo ou mais tarde, acabaria saindo em viagem num dos muitos navios que partiam dos portos ingleses.

[...]

Jonathan Swift. *Viagens de Gulliver*. Adaptação de Fernando Nuno. São Paulo: DCL, 2004. p. 9-10.

a) A história é contada por:

☐ um narrador.

☐ um narrador-personagem.

b) Numere as frases na ordem em que os acontecimentos são narrados no texto.

☐ Três anos depois, foi trabalhar em Londres como aprendiz de um médico-cirurgião.

☐ Nasceu na região de Nottinghamshire, na Inglaterra.

☐ Quando completou catorze anos, foi estudar na cidade de Cambridge.

c) Sublinhe, no texto, dois trechos que indicam ao leitor a sequência dos acontecimentos.

d) Em sua opinião, que efeito o trecho "comecei a perceber que, mais cedo ou mais tarde, acabaria saindo em viagem" causa no leitor?

_____
_____
_____
_____

2 Leia um trecho do relato de Amyr Klink – pai de Laura, Tamara e Marininha Klink – sobre uma de suas expedições marítimas.

[...]

Durante o dia, enquanto remava, notei a presença de uns peixes que há algum tempo me acompanhavam. Eram dourados e, prestando muita atenção, percebi serem os mesmos de alguns dias atrás.

Curiosa companhia. Pude mesmo identificar um, de coloração menos intensa, que batizei de Alcebíades, em homenagem a um morcego que residia no sótão de casa, em Paraty, e que após muitas tentativas frustradas de expulsão resolvi adotar como amigo.

Parei de remar, e eles começaram a dar voltas em torno do barco. Por que me seguiriam?

[...]

Amyr Klink. *Cem dias entre céu e mar*. São Paulo: Companhia das Letras, 2005. p. 92.

a) Marque a alternativa correta sobre esse texto.

☐ O texto é um relato, pois Amyr Klink conta fatos reais ocorridos com ele.

☐ O texto é um romance de aventura, pois trata de uma viagem marítima.

b) Sublinhe no trecho palavras que comprovam que o texto é narrado em 1ª pessoa.

c) Que acontecimentos o trecho lido narra?

_____
_____
_____
_____

3 As palavras a seguir foram retiradas do texto da atividade 2. Troque a primeira letra delas por **t** ou **f** e forme novas palavras.

a) dia ⟹ _____ b) torno ⟹ _____

4 Troque a primeira letra por **f, v, t** ou **d** e continue formando palavras.

a) faca ⟹ _____ c) vela ⟹ _____

b) varinha ⟹ _____ d) furão ⟹ _____

5 Leia a tirinha a seguir, que tem os personagens Joana e Caramelo, da série "Bichinhos de Jardim". Essa série é de autoria da cartunista Clara Gomes e é publicada em livros e na internet.

a) Marque um **X** na frase que explica o significado da palavra "sedentária" na tirinha.

☐ Alguém que passa muito tempo sentado.

☐ Alguém que tem muita sede.

☐ Alguém que caminha muito.

b) O que chama a atenção da personagem Joana no último quadrinho?

_____

_____

c) A reação de Joana ao ver o banquinho faz sentido diante do que ela disse no terceiro quadrinho? Explique.

_____

_____

_____

d) Que efeito essa reação de Joana causa na tirinha?

_____

_____

e) No primeiro quadrinho, a vírgula isola uma palavra. Que palavra é essa? Que função ela exerce na frase?

_____

Para ir mais longe

Livros

▶ **A ilha do tesouro**, de Robert Louis Stevenson. Adaptação de Ari Quintella. São Paulo: Scipione, 2011 (Série Reencontro).

Jim Hawkins encontra um mapa com a indicação de um tesouro e decide ir buscá-lo. Durante a jornada, faz amizade com Silver, mas depois descobre que o suposto amigo planeja eliminá-lo para ficar com o tesouro.

▶ **Dom Quixote**, de Miguel de Cervantes. Adaptação de José Angeli. 2. ed. São Paulo: Scipione, 2011 (Coleção Reencontro Infantil).

Acreditando ser um cavaleiro andante, Alonso Quijano muda seu nome para Dom Quixote de la Mancha, veste-se com armadura e sai pelo mundo montado em seu cavalo em busca de aventuras. Encontra Sancho Pança, que se torna seu fiel escudeiro.

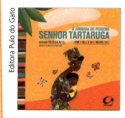

▶ **A jornada do pequeno senhor tartaruga**, de Inge Misschaert e Inge Bergh. São Paulo: Pulo do Gato, 2013.

Para distrair o filho na longa viagem até uma cidade distante, a mãe de Yomi conta a história do pequeno senhor tartaruga, que realiza uma perigosa jornada em busca da realização de um sonho.

▶ **A viagem**, de Francesca Sanna. São Paulo: Vergara & Riba, 2016.

Você já imaginou ter que deixar tudo para trás e viajar quilômetros para começar uma vida nova em um lugar desconhecido? Essa é a realidade de milhões de refugiados ao redor do mundo. Inspirada nestes relatos de vida, a autora nos apresenta uma história muito especial.

Filme

▶ **As aventuras de Robinson Crusoé**. Direção de Vincent Kesteloot e Ben Stassen. Bélgica/França: Imagem Filmes, 2016, 91 minutos.

Essa animação faz uma divertida adaptação do livro de Daniel Defoe. Quando vai parar em uma ilha deserta, Robinson Crusoé percebe que, para sobreviver, precisa da ajuda dos animais.

UNIDADE 2
Culturas que são parte de mim

- Para você, o que as imagens representam?
- Que lugares são mostrados?
- Você conhece costumes brasileiros que tenham se originado nas culturas indígenas ou africanas? Conte aos colegas.

Quiz: culturas indígenas e culturas africanas

Vamos ver quanto você já conhece de duas das culturas que mais influenciaram a formação do povo brasileiro: as indígenas e as africanas.

O professor organizará a turma em dois grupos e fará algumas perguntas. Quem souber a resposta de cada pergunta levanta a mão, mas só pode dizer a resposta quando o professor autorizar. Se acertar, o grupo pontua. Se errar, o outro grupo ganha o direito de responder. O professor vai anotar os pontos de cada grupo na lousa.

1. E então? Você gostou do jogo? Ficou surpreso com alguma resposta? Conte aos colegas.

2. A seguir você lerá um texto que foi escrito por um angolano. Você sabe onde fica Angola e que língua se fala nesse país? Comente.

3. Observe o título do texto e as ilustrações. Que tipo de texto você espera ler?

Texto 1 Conto

A formiga no mar

A Zinha gostava muito de ir com a mãe para a beira da praia. Era na hora do meio-dia. O mar ficava muito azul e transparente numa maneira que quando as ondas pequenas acabavam na areia já se viam as conchas e búzios debaixo da água antes de pararem na areia.

Zinha enchia a lata de areia para fazer casas de brincar. Muitas, umas ao pé das outras, parecia um bairro com muitas casas para as pessoas que não tinham onde morar.

Ela guardava aquela lata de recordação de quando a escola não tinha carteiras e os meninos se sentavam nas latas. Uma vez a onda ia quase lhe levar a lata e ela falou:

– Mar, meu amigo que eu gosto tanto de ti, não leves a minha lata que foi com ela que aprendi a escrever e a ler o teu nome que é o nome mais bonito: Mar!

E logo, logo, a lata ficou nos braços dela.

Então ela pôs um búzio no ouvido e ouviu o mar dizer:

– Olha, Zinha, também gosto muito de ti e peço-te desculpa porque pensei que eras dessas meninas que trazem latas e garrafas para fazer lixo na praia. Afinal a tua lata é muito importante e o que é que vais fazer com as conchas e búzios?

– Olha, mar, vou enfeitar a parede do meu quarto.

– Para quê?

– Assim quando estiver triste, eu olho para as conchas e os búzios e lembro-me logo de ti. E se tiver um problema, ou tiver medo, em vez de chamar alguém por um telefone celular, falo contigo de búzio, alô, mar!

Mas o que é isto? Era uma formiga a vaidar dentro de uma concha a boiar.

– O que é que andas a fazer, ó formiga, aqui na praia?

– Ando a navegar. O meu barco é esta concha e sempre que a maré está calma venho navegar.

– E como é que tu entraste assim na concha?

– Quando a concha chegou na areia eu subi para dentro dela e depois a onda veio buscar a concha e eu comecei a navegar. Depois, quando o mar levar a concha para a areia, eu saio, apanho comida e vou no meu carreirinho para guardar, que aqui há muita comida que os caranguejos deixam.

– Alô, mar! Alô! – falou Zinha no búzio. – Alô, mar, toma conta da formiga e deixa ela navegar muito.

E Zinha ouviu a resposta do mar a dizer que estivesse descansada com a formiga a navegar na concha.

Manuel Rui. *Conchas e búzios*. São Paulo: FTD, 2013. p. 33-35.

Glossário

Búzio: concha em formato de fuso (parecendo uma espiral), mais fechada.
Carreirinho: caminho que as formigas fazem.

Quem escreveu?

O escritor **Manuel Rui** Alves Monteiro nasceu em 1941, em Angola, na África. Formou-se em Direito em Portugal, onde viveu durante muito tempo. Quando voltou a Angola, exerceu cargos políticos, além de ser professor universitário. Escreve poemas, contos e romances.

Estudo do texto

1. O texto é como você esperava antes de tê-lo lido? Conte aos colegas.

2. Como você contaria essa história a um amigo?

3. O que o texto revela sobre a relação de Zinha com a natureza? Marque um **X** na alternativa correta.

    ☐ Revela que Zinha gosta da natureza e a respeita.

    ☐ Revela que Zinha não se importa com a natureza.

4. O texto "A formiga no mar" é uma narrativa de ficção, isto é, inventada pelo autor, ou é o relato de um fato real? Como você chegou a essa conclusão?

5. Releia o primeiro parágrafo de "A formiga no mar".

    a) Circule, no texto, a palavra que indica o lugar em que se passa a história.

    b) Faça dois sublinhados na palavra do texto que informa em que momento do dia acontecem os fatos narrados.

    c) Do começo até o fim da história passa-se quanto tempo, aproximadamente?

    _____

    _____

    d) No texto "A formiga e o mar", assim como em outros contos, é possível afirmar que a passagem do tempo é:

    ☐ breve.

    ☐ longa.

    ☐ vaga.

6. O trecho do livro *Robinson Crusoé*, lido na Unidade 1, é parte de um romance. Comparado a um romance, a história "A formiga no mar" é curta ou longa?

> Quando uma narrativa é curta e conta fatos que se passam em pouco tempo, em apenas um lugar (ou em poucos lugares) e tem poucos personagens, ela é chamada de **conto**.

7 Releia estes trechos do conto e responda às perguntas.

Trecho 1

– Ando a navegar. O meu barco é esta concha e sempre que a maré está calma venho navegar.

Trecho 2

E Zinha ouviu a resposta do mar a dizer que estivesse descansada com a formiga a navegar na concha.

a) Qual dos trechos é fala de um personagem?

☐ O trecho 1.

☐ O trecho 2.

b) O que você observou para responder à pergunta anterior?

_____

_____

_____

c) No trecho 2, quem está "falando" e com quem?

_____

_____

_____

> Como você viu na Unidade 1, quando um dos personagens narra a história, dizemos que ele é um narrador-personagem. Se o narrador não participa da história, apenas a observa de fora, ele é um **narrador-observador**.

8 O conto "A formiga no mar" tem:

☐ narrador-personagem.

☐ narrador-observador.

9 Sublinhe no texto um trecho que confirme sua resposta à atividade 8.

10 Releia o segundo e o terceiro parágrafos do conto.

a) O que são "casas de brincar"?

_____

_____

b) E a expressão "uma ao pé da outra", o que quer dizer?

_____

_____

11 Releia o último parágrafo do texto e observe os termos destacados.

E Zinha ouviu a resposta do mar **a dizer** que estivesse descansada com a formiga **a navegar** na concha.

Agora leia a mesma frase e preste atenção nas alterações destacadas.

E Zinha ouviu a resposta do mar **dizendo** que estivesse descansada com a formiga **navegando** na concha.

a) Se você fosse dizer uma frase como essa, falaria de que forma? Circule sua escolha e explique-a.

_____

_____

b) Depois de ler esse conto, você diria que o português de Angola é igual ao falado no Brasil ou há diferenças? Por quê?

_____

_____

c) Escreva palavras e expressões do conto que comprovem sua resposta.

_____

_____

> A **língua portuguesa** é falada em outros lugares além do Brasil. Em cada um desses lugares, as pessoas falam o português de forma própria, que é sempre um pouco diferente de como é falado nos outros locais.

Estudo da escrita

Grafia e som da letra c

1 Releia os trechos a seguir, retirados do **Texto 1**, para responder às atividades. Observe que a letra **c** aparece em todas as palavras destacadas.

Trecho 1

[...] **parecia** um bairro com muitas **casas** para as pessoas que não tinham onde morar.

Trecho 2

– Olha, Zinha, também gosto muito de ti e peço-te **desculpa** [...].

Trecho 3

[...] em vez de chamar alguém por um telefone **celular**, falo **contigo** de búzio, alô, mar!

a) Quais são as vogais que aparecem depois do **c**?

_____

b) Pronuncie em voz alta as palavras destacadas e escreva-as no quadro, de acordo com o som do **c**.

C com som de /k/	C com som de /s/

c) Complete as frases para descobrir a conclusão sobre o uso da letra **c** nas palavras.

Antes das vogais _____, _____ e _____, o **c** tem som de /**k**/.

Antes das vogais _____ e _____, o **c** tem som de /**s**/.

2 Com um colega, responda às adivinhas a seguir com palavras que tenham a letra **c**.

a) Qual é a comida preferida dos coelhos?

_____

b) Qual é o móvel em que a maioria das pessoas dorme?

_____

c) Qual é o doce feito com coco?

_____

d) Além do mel, o que as abelhas produzem?

_____

e) Qual é o relógio que imita o som de um passarinho?

_____

3 Escreva as palavras da atividade anterior no quadro, de acordo com o som do **c**.

C com som de /k/	C com som de /s/

4 Reescreva as frases colocando o nome das ilustrações.

a) Meu está com a bateria fraca.

_____

b) Vovô presenteou Tina com um .

_____

c) ![] faz bem à saúde.

_____

Ilustrações: Camila Hortencio

Texto 2 — Conto tradicional indígena

1 Por que o cachorro abana o rabo? Por que o galo canta de manhã? Por que os animais têm determinados comportamentos? Conte aos colegas sua opinião.

2 O texto que você lerá é a explicação que um povo indígena brasileiro dá a um comportamento dos sapos. O que você sabe desse bicho? Conte aos colegas, depois leia o texto.

Oporanduja, o sapo pidão

No começo dos tempos, dizia meu sábio *xamoĩ* (avô), já falecido, que os animais falavam com os homens.

Um dia, eu perguntei:

– *Xamoĩ*, por que os sapos fazem tanto barulho à noite?

Meu avô, que sempre estava pronto a esclarecer minhas dúvidas, convidou-me para sentar em volta da fogueira e começou a contar a história de Oporanduja, o sapo pidão.

Havia um *yy guaxu* (rio grande) belo e cheio de peixes, habitado por vários animais, entre eles, os sapos, que viviam cantando com alegria. Entre esses alegres *ju'i kuery* (sapos), havia um sapinho conhecido por todo mundo por ter um apelido engraçado, que recebeu de sua mãe, por causa de uma mania que tinha. O apelido dele era Oporanduja, que quer dizer "pidão". Ele não podia ver ninguém com qualquer coisa que, imediatamente, pedia.

Oporanduja vivia alegre, dançando e cantando às margens do *yy guaxu*, mas não tinha nenhum amigo. Por causa da sua mania de pedir tudo, ele era desprezado por todos. Isso, porém, não o fazia infeliz.

Um dia, voltando da floresta, Oporanduja chegou em casa e ouviu seus familiares falando bem baixinho sobre uma festa que aconteceria naquela tarde. Eles não queriam que ele soubesse. Oporanduja escutou tudo, mas fingiu não saber de nada. À tarde, quando já estava escurecendo, a família de Oporanduja começou a sair, um sapo pulando atrás do outro. Para disfarçar, Oporanduja perguntou aonde eles iam.

– Isso não é da sua conta! – responderam. E pediram que ele cuidasse da casa. Oporanduja fingiu obedecer e entrou na casa. Assim que seus familiares desapareceram na estrada, ele saiu pulando e cantando atrás deles.

A festa era na casa de um sapo muito rico, que estava recebendo a visita de familiares que vinham de longe, também muito ricos.

Quando Oporanduja chegou à festa, ficou deslumbrado com tantas coisas bonitas e brilhantes. Ele, que já era conhecido por ser pidão, logo de cara começou a pedir coisas para todo mundo, inclusive para o dono da festa. Os familiares ficaram muito envergonhados, pegaram o pidão pelas pernas, jogaram-no para fora do *oo guaxu* (casa grande), fecharam as portas e festejaram a noite inteira.

Oporanduja não voltou para casa. Dormiu na estrada e resolveu nunca mais ver seus familiares. Ficou anos e anos vivendo só e tristonho.

Uma tarde, Oporanduja avistou sua mãe pulando em sua direção. Primeiro, achou que era uma miragem, mas, para sua alegria, era de verdade.

Então, ele a abraçou e começou a chorar sem parar. Depois de muito tempo abraçados, eles se olharam, olho no olho, e Oporanduja perguntou:

– Mãe, por que você veio me procurar?

Ela parecia cansada e, acima de tudo, desesperada. Contou o que vinha acontecendo no *yy guaxu*. Os animais estavam morrendo por causa da seca das águas e todos estavam com muita sede, tanta, que foram até Nhanderu pedir que ele fizesse chover. Ele prometeu ajudar desde que Oporanduja fizesse o pedido.

– É por isso que eu estou aqui – ela disse –, para levá-lo de volta para casa.

Oporanduja disse a sua mãe:

– Por ser pidão, eu fui desprezado por todos. Por que eu iria atender a esse pedido? Faz muito tempo que eu deixei de ser pidão.

A mãe de Oporanduja insistiu tanto que ele aceitou voltar. No outro dia, foi até Nhanderu. Foi recebido com comidas, água e muita dança.

Nhanderu falou:

– Por que você ficou sozinho e triste por causa de uma mania que não é ruim? Há muitas pessoas que pegam as coisas dos outros sem pedir... Você ficava sempre muito alegre quando recebia o que pedia e mesmo quando não recebia.

Oporanduja agradeceu as palavras de Nhanderu e por ter sido tão bem recebido. Finalmente, pediu a Nhanderu que fizesse chover para que o *yy guaxu* ficasse cheio novamente e seus familiares pudessem voltar a ser felizes.

Nhanderu respondeu:

– Quando seu povo quiser chuva, basta dançar, cantar e tocar o *takuapu*. Oporanduja voltou para *yy guaxu* e contou o que deviam fazer. Então os *ju'i kuery* começaram a dançar, cantar e tocar o *takuapu* e imediatamente começou a chover.

Assim eles continuam a fazer sempre que querem chuva.

Essa é a história que meu *xamoĩ* contou para explicar por que os sapos fazem tanto barulho. Sempre que a gente ouve os sapos cantando e tocando o *takuapu* é porque estão pedindo água a Nhanderu.

Jera Giselda Guarani. Oporanduja, o sapo pidão. In: Olívio Jekupé (Org.). *As queixadas e outros contos guaranis*. São Paulo: FTD, 2013. p. 21-24 e 26-27.

Glossário

Nhanderu: divindade que aparece nas narrativas tradicionais dos guaranis.

Takuapu: instrumento musical e religioso guarani, feito com um pedaço de bambu. É tocado só por mulheres e meninas. Fica guardado na *opy* (casa de reza).

Quem escreveu?

Jera Giselda Guarani nasceu em 1980, é formada em Pedagogia pela Universidade de São Paulo (USP) e considerada uma importante defensora do direito das crianças indígenas à educação. Ela é indígena guarani e mora em uma aldeia, onde dá aulas desde os 13 anos, em Parelheiros, bairro da cidade de São Paulo (SP).

Estudo do texto

1. Converse com os colegas sobre as questões a seguir.
   a) Por que ninguém queria ficar perto de Oporanduja, nem a própria família?
   b) O que levou Oporanduja a se afastar de todos?
   c) Para que a mãe de Oporanduja o procurou?

2. Depois que Oporanduja foi embora, os animais da aldeia reconheceram suas qualidades e o chamaram de volta.
   a) O que você pensa da atitude desses outros animais?
   b) Nhanderu disse a Oporanduja que a mania dele não era ruim. Como ele justificou essa opinião?
   c) Que lições Oporanduja e os outros animais podem ter aprendido?

3. Como Oporanduja descobriu que seus familiares iriam a uma festa? O que você pensa da atitude dele? E da atitude dos familiares dele?

   _____
   _____

4. Por que Oporanduja fingiu não saber da festa para a qual sua família iria? E o que fez quando pediram a ele que cuidasse da casa?

   _____
   _____

5. O conto "Oporanduja, o sapo pidão" apresenta duas histórias, uma dentro da outra. Quais são elas?

   _____
   _____
   _____
   _____

6 Quem é o narrador de cada história?

_____

_____

7 Sublinhe, no texto, trechos que justifiquem sua resposta à atividade 6. Use um sublinhado para o narrador de uma história e dois sublinhados para o narrador da outra história.

8 O conto que você leu pertence a um dos povos indígenas do Brasil, o povo guarani. Por isso, há palavras que não estão em português.

- Em sua opinião, que efeito o emprego de palavras de língua indígena causa no leitor?

_____

_____

9 Leia as frases a seguir.

I. Ficou anos e anos vivendo só e **tristonho**.

II. Ficou anos vivendo só e tristonho.

III. Primeiro, achou que era uma **miragem**, mas, para sua alegria, era de verdade.

a) O que mudou na frase II em relação à frase I?

_____

_____

b) Que frase dá a ideia de que se passou muito tempo: a I ou a II? Por quê?

_____

_____

c) Nas frases I e III há duas palavras destacadas. Escolha, entre as opções a seguir, as que poderiam substituir essas palavras.

☐ triste e ilusão

☐ alegre e certeza

☐ cansado e dúvida

10 No livro do qual o conto "Oporanduja, o sapo pidão" foi tirado há uma apresentação sobre as histórias dos guaranis. Leia parte dela.

Os indígenas sempre contaram histórias. Muito antes de 1500, quando os primeiros ***jurua kuery*** (não indígenas) chegaram ao Brasil, nossos povos já contavam histórias.

À noite, ao redor das fogueiras, os sábios guaranis passavam seus conhecimentos por meio de histórias; eles não tinham escrita nem escolas.

[...]

Os indígenas são povos de tradição oral. Antigamente, as histórias indígenas eram contadas aos ***jurua kuery*** (não indígenas), que as escreviam e publicavam, mas já faz algum tempo que indígenas de vários povos, como Guarani, Munduruku, Maraguá, entre outros, começaram a registrar por escrito, traduzir e adaptar suas histórias para o português [...].

Olívio Jekupé. Apresentação. In: Olívio Jekupé (Org.). *As queixadas e outros contos guaranis*. São Paulo: FTD, 2013. p. 7.

a) O texto de Olívio Jekupé menciona que os "os indígenas são povos de tradição oral". O que isso quer dizer?

_____
_____
_____
_____

b) Circule, no texto, o trecho que conta como as histórias eram transmitidas entre os indígenas.

c) Quem **inventou** a história do sapo pidão?

_____

d) Quem **escreveu** o conto "Oporanduja, o sapo pidão"? Essa pessoa é indígena ou não indígena?

_____
_____

11 Quando e onde se passa a história de Oporanduja? Assinale a alternativa que responde corretamente a essa pergunta.

☐ O tempo e o lugar em que a história de Oporanduja acontece são **definidos**, ou seja, é possível saber com exatidão quando e onde a história ocorreu.

☐ O tempo e o lugar em que a história de Oporanduja acontece são **indefinidos**, ou seja, não é possível saber com exatidão quando nem onde a história ocorreu.

> Os **contos tradicionais indígenas** são narrativas que geralmente explicam elementos e fenômenos da natureza e têm origem na tradição oral, nas histórias contadas de geração a geração.
>
> Essas histórias costumam ocorrer em tempo muito antigo e indefinido e em espaços da natureza também não especificados.

12 O texto "Oporanduja, o sapo pidão" explica como surgiu determinado comportamento dos sapos.

a) Que comportamento é esse?

_____

_____

b) De acordo com o texto, por que os sapos têm esse comportamento? Explique de forma resumida.

_____

_____

_____

> Os contos tradicionais indígenas transmitem conhecimentos e histórias desses povos de uma geração a outra, por meio da **tradição oral**.

Aí vem história

Com a orientação do professor, você lerá, na página 246, um conto tradicional de outro povo indígena brasileiro, o povo tupi, sobre como surgiu a mandioca.

Um pouco mais sobre

Sapos meteorologistas

Diz a sabedoria popular que quando sapos e rãs de regiões secas e quentes deixam seus abrigos é sinal de que vem chuva... Será que isso é verdade?

Um estudo publicado em dezembro de 2016 em uma importante revista científica de Biologia mostrou que é verdade!

Na Espanha, um grupo de cientistas liderado por Rafael Marquéz realizou uma pesquisa com as espécies sapo-de-unha-preta e sapo-corredor.

Depois de alguns anos, eles descobriram que no ouvido interno desses sapos há sensores que os alertam quando a chuva está chegando.

▶ Sapo-de-unha-preta.

▶ Sapo-corredor.

1. Qual é a relação entre o texto que você acabou de ler e o conto "Oporanduja, o sapo pidão"?

_____
_____
_____

2. Converse com os adultos de sua família para descobrir mais saberes populares relacionados a diferentes animais. Escreva o que descobrir e compartilhe com os colegas.

_____
_____
_____
_____

Estudo da língua

Aposto explicativo

1 Releia o trecho a seguir para fazer as atividades.

> Meu avô, que sempre estava pronto a esclarecer minhas dúvidas, convidou-me para sentar em volta da fogueira e começou a contar a história de Oporanduja, o sapo pidão.

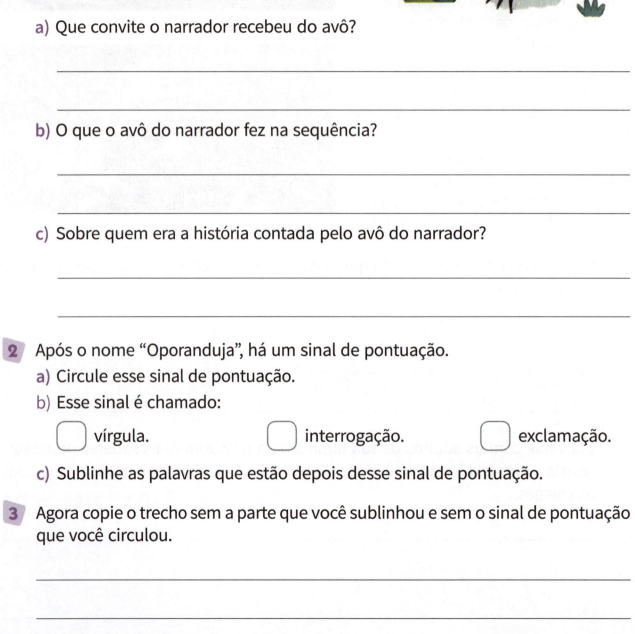

a) Que convite o narrador recebeu do avô?
___
___

b) O que o avô do narrador fez na sequência?
___
___

c) Sobre quem era a história contada pelo avô do narrador?
___
___

2 Após o nome "Oporanduja", há um sinal de pontuação.
a) Circule esse sinal de pontuação.
b) Esse sinal é chamado:

☐ vírgula.   ☐ interrogação.   ☐ exclamação.

c) Sublinhe as palavras que estão depois desse sinal de pontuação.

3 Agora copie o trecho sem a parte que você sublinhou e sem o sinal de pontuação que você circulou.
___
___
___

4 Releia sua resposta à atividade 3 e converse com os colegas e o professor.

a) O texto continua a fazer sentido?

b) Ainda é possível responder a todos os itens da atividade 1?

c) Podemos afirmar, então, que a parte sublinhada **não é** essencial para a compreensão do trecho?

> Em uma frase, a palavra ou os termos que apresentam uma explicação, um esclarecimento, um detalhe ou uma informação que não é essencial ao sentido do texto é chamado de **aposto explicativo**.
>
> Na escrita, o aposto explicativo aparece isolado do restante da frase por meio de sinais de pontuação.

5 Pode-se concluir, então, que a parte do trecho que você sublinhou é:

☐ um aposto explicativo.

☐ uma informação que muda o sentido do texto.

☐ um vocativo.

6 Onde mais há aposto explicativo no **Texto 2**?

_____

_____

7 Sublinhe o aposto explicativo das frases a seguir.

a) Joana, filha de Leo, tem 5 anos.

b) Quero ver a peça de Daniel, marido de Natália.

c) Você conhece Anselmo, filho de Marilda?

d) Cecília, a professora do 5º ano, foi à biblioteca.

8 Agora crie quatro frases que contenham aposto.

a) _____

b) _____

c) _____

d) _____

Como eu vejo

Povos indígenas no Brasil

Quando os portugueses chegaram ao território que hoje chamamos de Brasil, em 1500, milhões de pessoas já viviam aqui: os povos indígenas.

Número de indígenas no Brasil

 3 milhões — 1500

 817 mil* — 2010

Atualmente existem cerca de **305 etnias indígenas** no Brasil – etnia é o nome do conjunto de pessoas de uma mesma raça ou cultura. Essas pessoas falam **274 línguas** e estão distribuídas por todos os estados.

*Número aproximado

Viu só? São muitos povos indígenas, cada um com a própria cultura, traduzida em diferentes costumes, tipos de moradia, modos de transmitir e aprender saberes e de se comunicar!

Moradia xavante em General Carneiro, Mato Grosso, 2010.

Indígenas yawalapitis confeccionam rede de dormir com fibras de algodão e buriti. Gaúcha do Norte, Mato Grosso, 2013.

Moradia yawalapiti no Parque Indígena do Xingu (PIX), em Gaúcha do Norte, Mato Grosso, 2012.

Alunos da etnia guarani em escola da aldeia Tekoá Porã, em Salto do Jacuí, Rio Grande do Sul, 2015.

Em muitos lugares, os indígenas usam a internet, principalmente as redes sociais, que ajudam a divulgar informações e até a denunciar problemas vividos por esses povos.

Mulher indígena da etnia guarani mbyá, Aldeia Kalipety, bairro de Parelheiros, São Paulo, São Paulo, 2017.

Muitos costumes brasileiros, em todo o país, vieram dos indígenas. Tomar banho todo dia é um costume que herdamos deles.

Criança da etnia huni kuin brinca no Rio Jordão, aldeia Novo Segredo, Jordão, Acre, 2016.

Na língua portuguesa falada no Brasil, há várias palavras de origem indígena. Relacione as explicações à palavra correspondente.

1. Tipo de árvore. Do tupi *i'pe*, "casca".

2. Tipo de roedor. Do tupi *kapii'gwara: ka'pii*, "capim", e *gwara*, "comedor".

3. Criança. Do tupi *gwi'ri*, "bagre" (peixe) ou "bagre novo".

4. Réptil. Do tupi *yaka're*, "réptil crocodiliano".

5. Alimento cremoso feito geralmente de leite, açúcar e farinha. Do tupi *minga'u*, "comida que gruda".

6. Anfíbio. Do tupi *pere'reka*, "ir aos saltos".

7. Grão de milho estourado com o calor. Do tupi *pi'poka*, "grão de milho que se abre em floco branco ao calor do fogo".

8. Mamífero encontrado na América do Sul e na América Central. Do tupi *tamandu'a*, "tipo de mamífero desdentado".

9. Tipo de planta pteridófita. Do tupi *çama-mbai*, "trançado de cordas".

10. Peixe carnívoro de água doce. Do tupi *pi'rãya*, "peixe com dente".

- pipoca
- mingau
- capivara
- jacaré
- guri
- ipê
- pererreca
- piranha
- samambaia
- tamanduá

Fonte: *Dicionário Eletrônico Houaiss*. Acesso em: 22 maio 2017.

1. Do que você aprendeu sobre os povos indígenas, o que achou mais interessante ou surpreendente? Por quê?
2. Você sabe alguma informação sobre os povos indígenas que não foi comentada nesta unidade?
3. Será que herdamos outros costumes dos povos indígenas que não foram citados aqui?

Fontes: <https://pib.socioambiental.org/pt>; <www.funai.gov.br>; <www.ibge.gov.br>; <https://mirim.org>; <www.brasil.gov.br/governo/2012/08/brasil-tem-quase-900-mil-indios-de-305-etnias-e-274-idiomas>. Acessos em: 22 maio 2017.

Como eu transformo

A riqueza da variação linguística

 Geografia   História   Arte

O que vamos fazer?

O Dia da Contação de Histórias.

Para que fazer?

Para conhecer e apreciar lendas e sotaques das mais diferentes regiões brasileiras.

Com quem fazer?

Com os colegas, o professor, os funcionários da escola e pessoas que convivem com você.

Como fazer?

1. Todos os colegas de sua turma são brasileiros? Os que são brasileiros nasceram no mesmo estado em que você? Converse com os colegas e o professor.

2. Você já ouviu alguém pronunciar uma palavra de maneira diferente da que está acostumado a ouvir? O que achou? Converse com os colegas e o professor.

3. Entreviste funcionários da escola e familiares para descobrir pessoas que nasceram em diferentes regiões brasileiras e anote os dados de cada uma delas na folha que o professor entregará a você. Aproveite e pergunte a alguns dos entrevistados se aceitariam conversar com a turma para contar uma lenda ou um costume da região em que nasceram.

4. Com o professor, combine uma data para o Dia da Contação de Histórias e elabore um convite especial para as pessoas que irão participar.

5. No Dia da Contação de Histórias, receba os convidados, escute com atenção cada história contada e ajude o professor a registrá-las. Se possível, grave-as.

6. Converse com o professor e os colegas a respeito dos diferentes costumes, sotaques etc. e a riqueza que há nessa diversidade. Reflitam, inclusive, sobre a importância do respeito e da valorização dessas particularidades.

Como foi escutar novas histórias? Por quê?

Exposição oral

Com a orientação do professor, você pesquisará informações sobre os povos indígenas brasileiros e sobre países africanos onde se fala português. As descobertas que fizer serão registradas no caderno e depois expostas oralmente aos colegas.

Pesquisa

1. Forme um grupo com alguns colegas.
2. O professor escreverá na lousa temas de pesquisa e os sorteará entre os grupos. Cada grupo pesquisará apenas um tema.
3. A pesquisa pode ser feita em livros e revistas e, com o auxílio de um adulto, na internet.
4. É importante escolher imagens para recortar ou imprimir e, se possível, músicas e vídeos relacionados aos povos pesquisados.

Preparação e apresentação

1. Depois de concluir a pesquisa, com a ajuda do professor, seu grupo deve montar um cartaz com as informações mais importantes que vocês encontraram e as imagens selecionadas.
2. Preparem, juntos, o roteiro de tudo o que será falado durante a apresentação e definam quem ficará responsável por cada parte.
3. Antes do dia da apresentação, ensaiem em casa, individualmente, e na sala de aula, com todo o grupo.
4. No dia da apresentação:
   - cumprimentem o professor e os colegas que estão assistindo à apresentação de vocês;
   - apresentem os resultados da pesquisa;
   - usem os recursos audiovisuais (cartaz, músicas e vídeo), se houver;
   - no final, respondam às perguntas que os colegas fizerem;
   - terminem a exposição oral agradecendo a todos pela atenção.

Avaliação

Depois que todos os grupos se apresentarem, conversem sobre as questões a seguir.
- Cada grupo expôs informações sobre o tema pedido pelo professor?
- Qual foi a parte mais difícil da atividade? E a mais interessante?
- O que vocês farão de diferente na próxima vez que o professor pedir uma exposição oral?
- A atitude de quem estava assistindo à exposição oral de outros grupos foi colaborativa, de ouvir em silêncio e com atenção?

Produção de texto

Reescrita de conto tradicional indígena

Você ouvirá, agora, a leitura que o professor fará de outro conto tradicional indígena. Depois, você irá recontá-lo por escrito. No final, você e os colegas se organizarão em grupos para discutir os textos produzidos e enviá-los ao jornal ou *site* da escola ou expô-los no mural da escola.

Escuta

1. Ouça com bastante atenção a leitura que o professor fará.
2. Ele fará uma segunda leitura do conto pausadamente, interrompendo-a para tirar as dúvidas da turma. Dessa vez, tenha lápis e papel à mão para fazer anotações. Escreva:
   - quem são os personagens (qual é o nome deles e quais são suas características principais);
   - onde acontece a história;
   - quando acontece a história;
   - o que os personagens estão fazendo quando começa a narrativa;
   - que acontecimento diferente ocorre;
   - como a situação se resolve;
   - que elemento da natureza ou característica de um animal esse conto explica.
3. Converse com os colegas e o professor sobre o conto para entender todas as partes e tirar as dúvidas.
4. Se houver termos indígenas no conto, peça ao professor que os escreva na lousa para que você e os colegas saibam como escrevê-los.

Escrita

1. Escreva sua versão do conto. Use suas palavras, mas mantenha o tempo, o espaço, os personagens, os acontecimentos e o tipo de narrador do conto lido pelo professor.
2. Ao escrever, tenha em mente que seus leitores podem não conhecer a história. Eles dependem das informações que você dará para imaginar os lugares onde se passam os acontecimentos e os personagens.
3. Descreva personagens e lugares e use expressões que indicam tempo para mostrar a sequência dos fatos (**era no tempo em que os animais falavam**, **um dia**, **certa tarde**, **foi então que** etc.).
4. Use travessões (–) para indicar as falas dos personagens.

Revisão

1. Releia seu texto pronto e refaça o que achar necessário.
2. Depois, seguindo as orientações do professor, forme um grupo com alguns colegas.
3. Troquem de textos entre vocês, de modo que todos leiam as produções uns dos outros.
4. Conversem sobre os textos e verifiquem se eles estão de acordo com as questões a seguir.
    - Todos vocês recontaram o conto tradicional indígena lido pelo professor mantendo os personagens, o tempo, o espaço e o tipo de narrador do conto original?
    - A sequência de fatos nas produções de vocês é a mesma do conto original?
    - Vocês deram informações no texto que possibilitem a alguém que não conhece a história entender o que acontece?
    - As palavras estão escritas corretamente?
5. Depois dessa troca de ideias, retome seu texto e reescreva o que achar necessário.

Revendo o que aprendi

1 Leia o trecho de um conto tradicional de Luanda.

O grande desafio

Um velho soba, senhor de muitas terras, anunciou que sua filha se casaria com um homem ou animal que conseguisse pegar uma folha que crescia no topo da árvore mais alta do muxito, a extensa floresta em torno da aldeia.

[...]

Os melhores atletas de várias aldeias, a pé ou de canoa, acorreram de todos os cantos, atraídos pelo tentador desafio.

Ao amanhecer do dia marcado para a esperada prova, o som estridente da *mpungi*, grande trombeta de marfim, deu início à competição.

Os homens tiveram a primazia de sair em busca do cobiçado prêmio. Moços ágeis e musculosos tentaram de todas as maneiras subir no escorregadio tronco. Mas os pretendentes, um a um, foram desistindo da competição, em meio a trambolhões e quedas espetaculares.

[...]

Rogério Andrade Barbosa e Jô Oliveira. *Histórias que nos contaram em Luanda*. São Paulo: FTD, 2009. p. 22.

a) O que significa "soba"?

_____
_____
_____

b) Qual era o objetivo da competição proposta pelo soba?

_____
_____
_____
_____

c) O narrador deste conto é:

☐ narrador-personagem.

☐ narrador-observador.

d) Em que época se passa a história narrada no conto?

_____

_____

e) Onde se passam os acontecimentos?

_____

_____

2 Leia a frase a seguir e observe a palavra destacada.

Os homens tiveram a **primazia** de sair em busca do cobiçado prêmio.

◆ Qual das palavras a seguir poderia substituir a que foi destacada no trecho?

☐ Amizade.

☐ Sorte.

☐ Preferência.

3 Leia com atenção o trecho a seguir.

[...] o som estridente da *mpungi*, grande trombeta de marfim, deu início à competição.

a) Sublinhe o aposto desse trecho.
b) O que esse aposto explica?

_____

4 Escreva **V** nas frases em que ocorre vocativo e **A** naquelas em que há aposto.

☐ Oporanduja, venha ajudar seu povo!

☐ Quem ajudou o povo foi Oporanduja, o sapo pidão.

☐ Vamos ver a formiga na concha, Zinha.

☐ O tambor, instrumento de percussão, ressoou forte.

59

5 Todas as palavras a seguir, retiradas do trecho do conto "O grande desafio", têm a letra **c**. Leia-as com atenção.

> amanhecer   tronco   início   canoa   musculosos

a) Sublinhe as palavras nas quais o **c** tem som de /**s**/.

b) Circule as palavras nas quais o **c** tem som de /**k**/.

6 Descubra a palavra secreta do quadro a seguir de acordo com as pistas. Vá riscando aquelas que não se encaixam nas descrições.

bacia	você	vacina	cedo
face	café	Celeste	anunciou
cera	cego	céu	saci
doce	cágado	cena	cipó

Dicas:

1. Não começa por vogal.
2. Tem mais de duas sílabas.
3. Não tem **c** no meio da palavra.
4. Não é nome de pessoa.

a) Escreva a palavra que você descobriu: _____.

b) O som do **c** na palavra secreta é _____.

7 Pesquise, em revistas e jornais, seis palavras com **c**: três em que o **c** tenha som de /**k**/ e três em que o **c** tenha som de /**s**/. Cole-as no quadro.

Para ir mais longe

Livros

▶ **O sonho de Arauê**, de Fábia Terni. São Paulo: Nova Espiral, 2015.

Arauê adorava ouvir histórias do tempo antigo, quando os indígenas eram os guardiões da floresta misteriosa, os rios eram transparentes e os animais, numerosos. Mais ainda, ele gostava de sentir o avô bem pertinho, enquanto imaginava que um dia ele também se tornaria um guardião da floresta.

▶ **Aldeias, palavras e mundos indígenas**, de Valéria Macedo. São Paulo: Companhia das Letrinhas, 2015.

Esse livro convida o leitor a fazer um passeio pela imaginação e conhecer um pouco da vida e dos costumes dos povos yanomâmi, krahô, kuikuro e guarani mbyá – onde moram, como se enfeitam, seus objetos, suas festas e sua língua.

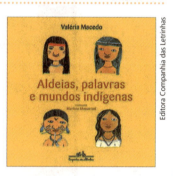

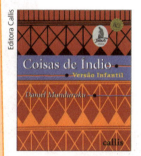

▶ **Coisas de Índio – versão infantil**, de Daniel Munduruku. São Paulo: Callis, 2010.

Daniel Munduruku é um indígena que se orgulha de suas raízes e mostra, por meio desse livro, que "coisa de índio" nem sempre é coisa chata – como a expressão ficou conhecida em nossa língua –, mas pode ser sinônimo de coisas muito interessantes. O livro traz muitas informações sobre a realidade e a riqueza cultural dos indígenas brasileiros. Leia e descubra você mesmo!

Site

▶ **Mirim – Povos indígenas no Brasil:** <https://mirim.org>. 12 jun. 2019

Nesse endereço, você conhecerá melhor a diversidade e a riqueza cultural dos povos indígenas do Brasil. O *site* foi desenvolvido para crianças.

UNIDADE 3
Encenar e aprender

Bruna Assis

- O que você acha que causou o riso das pessoas na ilustração?
- Você já viu uma cena parecida com a do palco?
- Você se lembra de alguma situação engraçada que tenha acontecido com você ou com algum conhecido?

Gato mia

Você conhece a brincadeira **gato mia**? É muito divertida! Veja a seguir como brincar.

1. O professor escolherá um aluno para ser o gato, ou seja, aquele que vai procurar os outros. O gato terá os olhos vendados.
2. O gato deve contar até 50 enquanto os colegas se escondem. Depois que terminar a contagem, ninguém pode mudar de lugar!
3. Encerrada a contagem, o gato sai à procura dos demais participantes até tocar em alguém.
4. Quando isso acontecer, o gato deve dizer: "Gato mia", e o participante encontrado deve responder com um miado.
5. O gato deve dizer quem miou. Se o gato acertar, quem miou sai do jogo. Se o gato errar, quem miou continua participando.
6. O jogo termina quando sobrar apenas um participante sem que o gato tenha acertado o nome. Este será o vencedor.

1. Há uma turma de crianças que também se diverte muito no Sítio do Picapau Amarelo. Conte o que sabe desse lugar.

2. Você lerá parte do texto dramático *O casamento da Emília*, escrito por Júlio Gouveia. Qual será o assunto do texto?

Texto 1 — Texto dramático

O CASAMENTO DA EMÍLIA

Episódio da obra *Reinações de Narizinho*, de Monteiro Lobato
Adaptação de Júlio Gouveia

Personagens
EMÍLIA – a boneca de pano.
NARIZINHO – sua dona e amiga.
PEDRINHO – primo de Narizinho.
RABICÓ – um leitão muito guloso.
TIA NASTÁCIA – a cozinheira negra e simpática.
VISCONDE DE SABUGOSA – senhor sábio e distinto, feito de sabugo de milho.

Cenário
Um recanto do Sítio do Picapau Amarelo, com a porteira do pasto de um lado e uma seta que diz "Sítio do Picapau Amarelo". Há um toco de árvore que serve de banco.
(AO ABRIR O PANO ENTRAM, PELO LADO DA PORTEIRA, NARIZINHO COM EMÍLIA PELA MÃO, SEGUIDAS PELO RABICÓ, QUE TEM UM LAÇO DE FITA AMARRADO NO RABINHO.)
NARIZINHO – Pronto, chegamos. Vamos ver se está tudo como o Pedrinho encomendou, na carta. Deixe ver se o seu vestido está em ordem, Emília.
EMÍLIA – (*Petulante.*) O meu vestido está ótimo e eu estou linda! (*Ajeita a saia e as trancinhas.*) É melhor você cuidar de si mesma, Narizinho: olhe as fitas!
NARIZINHO – Que fitas?
EMÍLIA – A fita do seu cabelo e também a fita do rabinho do Rabicó: se ele continuar se coçando assim contra a porteira, lá se vai o seu lindo laço! (*Sobe na porteira e começa a se balançar, e logo dá uma porteirada no Rabicó.*)
RABICÓ (*Grita de dor.*) – Coin, coin, coin!
NARIZINHO – Viu, Emília, o que você fez? Quantas vezes eu já lhe disse para não se balançar na porteira? Agora você machucou o Rabicó, pobrezinho! (*Faz massagem no lombo do Rabicó e arruma-lhe a fitinha do rabo.*)
EMÍLIA – Ora, que é que tem? Uma porteiradazinha à toa! Casando passa.
NARIZINHO – (*Rindo.*) Casando passa, essa é boa! Já pensou, o Rabicó casando e... (*Tem ideia.*) Casando!
EMÍLIA – (*Atenta ao trote de cavalo que se ouve, de fora.*) É ele, Narizinho! Pedrinho está chegando! Todo pimpão no pangaré!
VOZ DE PEDRINHO – (*De fora.*) Narizinho, Emília, estou aqui! (*Freia o cavalo.*) Sôoo, pangaré! Cheguei, minha gente!
(PEDRINHO ENTRA, COM O CHICOTE DE CABO DE PRATA NA MÃO, TODO ENTUSIASMADO.)

NARIZINHO – Pedrinho! Até que enfim! (*Abraços e efusões.*)

PEDRINHO – Até que enfim, digo eu! Eu já estava morrendo de saudade de tudo isso, do Sítio do Picapau Amarelo, da vovó, da tia Nastácia, de tudo! Mas Narizinho, como você cresceu! E o Rabicó, engordou mais um pouco, hein, seu comilão! (*Rabicó vira-se para mostrar o rabinho.*) Estou vendo, você veio de laço de fita no rabinho, conforme eu encomendei. (*Emília se rebola toda no seu vestido novo.*) E você, Emília, como está chique no seu vestido novo!

EMÍLIA – (*Petulante.*) E então? Que é que o senhor esperava?

PEDRINHO – Eu esperava mesmo que... (*Interrompe-se, percebendo a novidade.*) Epa! O que foi isso? Você falou?

EMÍLIA – Só agora que o senhor percebeu? Essa gente da cidade não é muito viva não, hein, Rabicó?

PEDRINHO – Narizinho! A Emília está falando!

NARIZINHO – Falando, e como! Você não ouviu nada ainda! A Emília é a boneca mais faladeira e mais asneirenta do mundo!

EMÍLIA – Asneirento é o seu nariz arrebitado!

PEDRINHO – E respondona também, pelo que vejo. Mas como foi que aconteceu isso?

EMÍLIA – (*Assanhada.*) Foi o doutor Cara de Coruja com as pílulas falantes que o sapo tinha engolido e a barriga ficou estufada mas depois da operação o sapo desengoliu e eu engoli e o doutor Cara de Coruja...

PEDRINHO – (*Interrompe.*) Pare, Emília! Não estou entendendo nada!

NARIZINHO – Deixe, Pedrinho, depois eu explico tudo. Eu... (*Com intenção.*) Emília, corra na frente e avise em casa que Pedrinho já chegou... (*Pisca para Pedrinho.*) Corra, Emília!

EMÍLIA – De a pé, de a cavalo ou de avião?

PEDRINHO – De avião a jato!

EMÍLIA – Feito! Lá vou eu! (*Imita avião a jato.*) Venha, Rabicó! (*Agarra-o pela orelha, ele guincha, "coin, coin", e saem os dois.*)

PEDRINHO – Você mandou a Emília na frente de propósito, não foi, Narizinho?

NARIZINHO – Bidu! Eu queria mesmo falar com você. *(Confidencial.)* Tenho um plano, sabe: quero promover o casamento da Emília com o Rabicó.

PEDRINHO – Casar a Emília com o Rabicó! Que ideia legal! Nunca se viu casamento de boneca com leitão, será bárbaro! Eles já concordaram?

NARIZINHO – Eles nem sabem de nada ainda... Logo mais eu falo com eles. Agora vamos para casa correndo, que a vovó está esperando. *(Saem correndo de mãos dadas.)*

(LOGO, PELO OUTRO LADO DO CENÁRIO, ENTRA RABICÓ, COM UMA BANANA EM CADA MÃO. SENTA-SE JUNTO DA PORTEIRA E COME, DANDO UMA DENTADA ORA NUMA ORA NOUTRA BANANA.)

NARIZINHO – *(Entra, chamando.)* Rabicó! Marquês de Rabicóooo... Ah, você está aqui! E comendo, como sempre... *(Senta-se ao lado dele, fica formal.)* Senhor Marquês de Rabicó, eu preciso muito falar com o senhor.

RABICÓ – *(De boca cheia.)* Hum...

NARIZINHO – É a respeito duma coisa... uma proposta muito interessante que eu vim lhe fazer.

RABICÓ – *(Interessado, lambendo os beiços.)* Interessante? Então é coisa de comer!

NARIZINHO – Arre, que sujeito! Só pensa em comida! Não, é coisa muito mais importante ainda, eu vim lhe falar de casamento. Do SEU casamento, Marquês de Rabicó.

RABICÓ – O meu o quê?

NARIZINHO – Casamento. Ca-sa-men-to. Você já está em idade de se casar. Marquês que se preza não pode ficar solteiro a vida toda. *(Rabicó, desinteressado, volta às bananas.)* Então? Você quer casar, Rabicó? *(Cutuca-o.)* Responda, leitão! Quer?

RABICÓ – *(Indeciso.)* Eu... não sei... depende.

NARIZINHO – Depende do quê?

RABICÓ – Do dote, naturalmente. Se o dote for bom...

NARIZINHO – Dote não tem importância. *(Entusiasmada.)* Eu já tenho uma noiva formidável para você: uma condessa!

RABICÓ – Condessa? Não será a condessa das Três Estrelinhas?

NARIZINHO – Essa mesma! A Condessa Emília! Aceita casar com ela, Marquês de Rabicó?

RABICÓ – *(Mastigando.)* Não sei... se o dote for bom... *(Entusiasmando-se.)* Se o dote for bom... se me derem, por exemplo, dois sacos de milho, casarei com quem quiserem: com a cadeira, com a vassoura, até com a colher de pau.

NARIZINHO – Guloso! Pois olhe que vai fazer um casamentão!

RABICÓ – E o dote?

NARIZINHO – Está bem, está bem, você ganhou seis espigas de milho verde de dote.

RABICÓ – Oito espigas.

NARIZINHO – Nada disso. Seis.

RABICÓ – Sete? Por menos de sete eu não posso casar.

NARIZINHO – Enganado! Não acha que é melhor seis espigas na mão do que sete voando? É seis ou nada. Feito?

RABICÓ – *(Resignado.)* Tá bom. Feito.

NARIZINHO – Ótimo. Agora só falta falar com a Emília. Mas tem que ser conversa particular, você não pode assistir. *(Cutuca-o.)* Levanta-se daí, Marquês de Rabicó. Saia pelo lado de lá e, se se encontrar com a Emília, fala para ela vir falar comigo, aqui na porteira do pasto. Vá, ande!

(RABICÓ SAI EMPURRADO POR UM LADO E NARIZINHO VAI PARA O OUTRO, CHAMANDO: "EMÍLIA, EMÍLIA!" EMÍLIA VEM CORRENDO PELO LADO POR ONDE VAI SAINDO O RABICÓ, COLIDE COM ELE, OS DOIS CAEM SENTADOS, SE OLHAM FEIO, EMÍLIA JÁ VAI BATER NO RABICÓ, MAS NARIZINHO ACODE A TEMPO PARA SALVÁ-LO.)

NARIZINHO – Calma, calma, deixem disso! Vá embora, Rabicó! Emília, venha cá, eu preciso falar com você!

EMÍLIA – Se precisa falar, então fale logo.

NARIZINHO – É coisa séria, Emília. *(Fica formal, pigarreia.)* Senhora Condessa, acho que é tempo de mudar de vida. Precisa casar, senão acaba ficando para tia. Logo mais vem um distinto cavalheiro pedir a sua mão em casamento.

EMÍLIA – Não estou interessada. Não tenho gênio para aturar marido e depois, neste sítio, não conheço ninguém que mereça a honra de casar comigo.

NARIZINHO – Como não? E o Rabicó? Não acha que é bom partido?

EMÍLIA – O Rabicó! Era só o que faltava, eu casar com um porco, e ainda por cima guloso e medroso!

NARIZINHO – Está enganada, Emília. O Rabicó é porco só por enquanto. Estive sabendo que o Rabicó é príncipe dos legítimos, que uma fada má o virou em porco, e porco ficará até que ache um anel mágico escondido na barriga de certa minhoca. Por isso é que o Rabicó vive fuçando a terra atrás de minhoca!

EMÍLIA – *(Interessada.)* Príncipe? Isso é muito interessante! *(Para o público, confidencial.)* Para virar princesa eu sou capaz de casar até com a lata de lixo! *(Para Narizinho.)* Mas você tem certeza, Narizinho?

NARIZINHO – Certeza absoluta. Quem me contou foi justamente o pai do Rabicó, o senhor Visconde de Sabugosa, um senhor muito distinto que vem fazer o pedido de casamento.

EMÍLIA – *(Desapontada.)* Visconde? Então o pai deste príncipe é apenas Visconde? Eu quero casar com príncipe filho de rei.

NARIZINHO – Você não entende nada. Ele é rei, naturalmente, mas está disfarçado, porque não quer ser reconhecido, senão lhe pedem muitos autógrafos. Ele até usa cartola o tempo todo, para esconder o sinal de coroa que tem na testa.

EMÍLIA – *(Pensa um pouco, com o dedinho na testa.)* Pois bem, aceito. Caso-me com o Rabicó, mas não vou morar com ele enquanto ele não desvirar em príncipe de novo.

NARIZINHO – Muito bem. Neste caso, vá preparar-se para receber o Visconde, que não deve tardar!

EMÍLIA – *(Já entusiasmada.)* Vou ventando. *(Sai ventando.)*

NARIZINHO – *(Só.)* E agora, preciso arranjar um Visconde de Sabugosa, mais que depressa. E isto é serviço para o Pedrinho. *(Chama.)* Pedrinho! Pedrinho!

PEDRINHO – *(Entra.)* O que foi, Narizinho? Conseguiu convencer os "noivos"?

NARIZINHO – Que dúvida, foi fácil. Só que agora você precisa me arranjar, mais que depressa, um visconde de sabugo, bem respeitável, de cartola na cabeça e sinal de coroa na testa, que é para ele pedir a mão de Emília em casamento.

PEDRINHO – Visconde de sabugo? Que história é essa?

NARIZINHO – Enganei a boba da boneca que o Rabicó é filho do Visconde de Sabugosa, que é um rei disfarçado, e que os dois, pai e filho, foram encantados por uma fada, e só serão desencantados quando o Rabicó encontrar um certo anel mágico na barriga de certa minhoca!

PEDRINHO – *(Rindo.)* E a boba caiu nesta patranha?

NARIZINHO – Caiu como um patinho. Ficou toda entusiasmada e declarou que casará com o Rabicó, mas só irá morar com ele quando ele virar príncipe novamente. Como é, você acha que pode fabricar um Visconde de Sabugosa?

PEDRINHO – É coisa de cinco minutos. É só pegar um sabugo no chiqueiro do Rabicó... Pode ir buscar a Emília, que eu volto logo com o Visconde!

(SAEM CADA UM POR UM LADO.)

(DURANTE A LIGEIRA PAUSA QUE SE SEGUE, O RABICÓ ENTRA CORRENDO NO CENÁRIO, PERSEGUIDO POR TIA NASTÁCIA, QUE CORRE ATRÁS DELE, GRITANDO.)

[...]

Glossário

Dote: bem material que é dado a quem vai se casar.
Efusão: manifestação de alegria e afeto.
Patranha: mentira.
Pimpão: vaidoso.
Reinação: brincadeira.

Tatiana Belinky (Org.). *Mas esta é uma outra história...*: antologia de peças teatrais. Adaptação de Júlio Gouveia de textos de Monteiro Lobato. São Paulo: Salamandra, 2005. p. 37-46.

Estudo do texto

1 Com qual objetivo um texto dramático é escrito?

_____
_____

2 Quem são os personagens do texto dramático apresentado?

_____
_____

3 Todos esses personagens aparecem no trecho lido? Qual deles está na lista e é apenas mencionado no trecho?

_____
_____

4 Onde se passa a história? Como é possível saber?

_____
_____
_____
_____

> Nos textos dramáticos, geralmente há uma **lista** de personagens e a **descrição** dos locais em que se passa a história. Esses elementos ajudam a determinar quantos atores atuarão no espetáculo e como será o cenário, entre outros aspectos.

5 Como Narizinho teve a ideia de casar Emília com Rabicó?

_____
_____
_____

6 Emília se interessou pelo casamento? Por quê?

_____

_____

_____

7 O texto tem um narrador?

☐ Sim.   ☐ Não.

8 Como, então, o leitor sabe qual personagem está falando?

_____

_____

9 O texto dramático não começa com o diálogo dos personagens, mas com uma frase. Assinale a afirmação correta sobre ela.

☐ A frase mostra os atores combinando como agir em cena.

☐ A frase orienta como a cena deve ser encenada.

☐ A frase é um erro do autor, pois não poderia aparecer.

10 Há outras frases semelhantes a essa no trecho. Circule uma delas.

> As frases que orientam a maneira de gesticular, as roupas que serão usadas, a entonação de voz, que expressão o personagem deve manifestar e as informações sobre o cenário são chamadas de **rubricas**.

11 As rubricas dos textos dramáticos têm sentido para quem lê o texto? Por quê?

_____

_____

_____

12 Converse com os colegas e o professor sobre o que Rabicó e Emília pensavam do casamento. Você concorda com a opinião deles? Por quê?

13 Como será que foi o casamento da Emília? Desenhe-o como você o imagina.

14 Agora transforme seu desenho em um texto para ser encenado. Não se esqueça das rubricas, de indicar o nome do personagem antes das falas nem do cenário.

_____
_____
_____
_____
_____
_____
_____
_____
_____
_____
_____

Estudo da língua

Sinais de pontuação (reticências, parênteses, dois-pontos)

1 Releia com atenção o trecho a seguir.

EMÍLIA – *(Assanhada.)* Foi o doutor Cara de Coruja com as pílulas falantes que o sapo tinha engolido e a barriga ficou estufada mas depois da operação o sapo desengoliu e eu engoli e o doutor Cara de Coruja...
PEDRINHO – *(Interrompe.)* Pare, Emília! Não estou entendendo nada!
NARIZINHO – Deixe, Pedrinho, depois eu explico tudo. Eu... *(Com intenção.)* Emília, corra na frente e avise em casa que Pedrinho já chegou... *(Pisca para Pedrinho.)* Corra, Emília!

a) Qual é a história que Emília está contando para Pedrinho?

_____
_____
_____

b) Por que Pedrinho interrompeu a fala da boneca?

_____
_____

c) Para indicar essa interrupção, há um sinal de pontuação. Circule-o.

d) O nome desse sinal de pontuação é:

☐ Reticências.

☐ Ponto final.

☐ Vírgula.

e) Na fala de Narizinho, esse sinal de pontuação também indica uma interrupção? Explique.

_____
_____
_____

f) O que é possível concluir sobre os efeitos das reticências em um texto?

_____

_____

_____

2 Nas frases a seguir, faltam os sinais de pontuação usados nas rubricas do texto dramático "O casamento da Emília". Escreva-os.

> ____Assanhada.____   ____Com intenção.____
>
> ____Interrompe.____   ____Pisca para Pedrinho.____

❖ Para que esses sinais, chamados **parênteses**, foram usados?

_____

_____

3 Releia outro trecho do texto dramático.

(RABICÓ SAI EMPURRADO POR UM LADO E NARIZINHO VAI PARA O OUTRO, CHAMANDO: "EMÍLIA, EMÍLIA!" EMÍLIA VEM CORRENDO PELO LADO POR ONDE VAI SAINDO O RABICÓ, COLIDE COM ELE, OS DOIS CAEM SENTADOS, SE OLHAM FEIO, EMÍLIA JÁ VAI BATER NO RABICÓ, MAS NARIZINHO ACODE A TEMPO PARA SALVÁ-LO.)

a) O que significa a repetição do nome "Emília"?

_____

_____

b) Circule o sinal que vem depois da palavra "chamando".

c) O sinal de pontuação que você circulou é chamado **dois-pontos**. Nesse trecho, os dois-pontos indicam:

☐ que alguém irá falar.

☐ que alguém terminou de falar.

 **Oralidade**

Texto dramático

Nesta atividade será necessária a participação de todos os alunos! Para saber como um texto dramático é encenado, a turma irá representar o **Texto 1**. O professor escolherá os personagens e os demais participantes que atuarão nos bastidores.

Preparação

Para encenar esse texto dramático, as tarefas serão distribuídas.

- Alguns alunos serão os atores.
- Um grupo será responsável pela montagem do cenário. Para isso, os alunos desse grupo podem usar brinquedos, tecidos e outros objetos que tenham em casa.

- Uma equipe se incumbirá dos efeitos sonoros, que podem ser feitos com objetos do cotidiano, com as próprias vozes, com instrumentos musicais ou com o corpo.
- Por fim, é necessário um grupo menos numeroso para dirigir a encenação.

Encenação

- Antes da encenação, deve ser feita uma leitura dramática do texto.
- Todos os alunos precisam estar presentes e prestar muita atenção, pois nessa fase será decidido em que momento os efeitos sonoros serão incluídos e também de que modo o cenário será elaborado.
- Sentem-se em círculo. Os atores devem ler as falas do texto dramático em voz alta (as rubricas não devem ser lidas), no momento correto e com a entonação adequada.
- Durante a leitura, os diretores e os responsáveis pelo cenário e pelos efeitos sonoros devem anotar as ideias que tiverem para a realização de suas tarefas.
- Ao final, com a ajuda do professor, vocês decidirão quais ideias serão adotadas na encenação.

Texto 2 — Conto de artimanha

1. Você lerá um conto de artimanha, também chamado de conto de esperteza. Como você imagina ser um conto desses?

2. O conto a seguir traz uma história de Pedro Malasartes, personagem conhecido por ser muito esperto. Qual será a relação entre o título do conto e essa característica do personagem?

A panela mágica

Malasartes não perdia a oportunidade de divertir-se e de alguma forma lucrar à custa da ingenuidade ou da esperteza dos outros. Surgida a oportunidade, ele pensava rápido.

Recordo-me de certa vez em que ele, viajando pelo mundo, sua maior paixão, comprou uma panelinha (é, de vez em quando ele adquiria as coisas da maneira mais convencional) para fazer comida. Pouco depois, acampado no meio do mato, lá estava ele cozinhando seu almoço, quando avistou um grupo de tropeiros passando pela estrada. Um deles acenou para ele.

– O cheiro está muito bom, moço – comentou o tropeiro. – Tem pra mais um aí?

Malasartes sorriu astuciosamente e respondeu:

– Como não? Chegue mais perto, viajante!

Enquanto os tropeiros desmontavam e se aproximavam, apressou-se em cavar um buraco e empurrou para dentro todas as brasas e tições, cobrindo tudo com a terra. Em seguida, colocou por cima a panela que fervia, o cheiro do ensopado espalhando-se convidativamente em todas as direções. Os tropeiros ficaram espantados ao ver a panela fervendo sem fogo algum.

– Mas como é que você consegue? – espantou-se um deles. – Ninguém consegue cozinhar sem fogo...

Malasartes muito cândido, mas falsamente, explicou que aquela panela era mágica.

Claro, de início ninguém acreditou, mas como o ensopado continuasse a ferver dentro da panela, as dúvidas começaram a aparecer.

– Será que é mesmo?

– Você não quer vendê-la? – perguntou um deles.

– Ah, não – respondeu Malasartes. – Eu paguei bem caro por ela e...

– Nós pagamos mais! – ajuntou um dos tropeiros.

– Não sei, não. Eu a comprei faz tempo e numa cidade bem longe daqui. Nem sei se poderei comprar outra.

– A gente vai lhe dar dinheiro suficiente para comprar outra... – garantiu um terceiro.

Malasartes encarou-os.

– Mesmo?

— Com certeza — e os tropeiros se consultaram e mais do que depressa o dinheiro foi rapidamente retirado dos bolsos e amontoado na mão de um deles. — Isto é o bastante?

— Eu acho...

Antes que Malasartes dissesse qualquer coisa, os tropeiros ofereceram um de seus cavalos.

— Está bem — Malasartes finalmente concordou, acrescentando: — Acho que com o cavalo minha viagem será mais curta e eu consigo comprar outra panelinha.

E, dizendo isso, montou e disparou para bem longe dos tropeiros, que só mais tarde descobriram que haviam sido enganados.

Júlio Emílio Braz. *Causos de Pedro Malasartes*. 2. ed. São Paulo: Cortez, 2011. p. 38-39.

Glossário

Cândido: puro, inocente.
Convidativo: que convida, que atrai.
Tição: lenha ou carvão meio queimado.
Tropeiro: boiadeiro, vaqueiro.

Quem escreveu?

Júlio Emílio Braz é mineiro e nasceu em 1959. Além de escritor, é ilustrador e já escreveu diversas histórias em quadrinhos.

Estudo do texto

1. Onde se passa a maior parte da história?
   _____
   _____

2. Quem são os personagens do conto "A panela mágica"?
   _____
   _____

3. Quem é o personagem principal?
   _____

> Assim como em outras narrativas, nos contos há um ou mais personagens principais e um ou mais personagens secundários. O personagem principal também é chamado de **protagonista**.

4. Quem são os personagens secundários do conto "A panela mágica"?
   _____

5. Releia alguns trechos da história. Marque um **X** naqueles que são textos do narrador.

   ☐ Malasartes sorriu astuciosamente e respondeu:

   ☐ – Mas como é que você consegue?

   ☐ Malasartes muito cândido, mas falsamente, explicou que aquela panela era mágica.

   ☐ – Será que é mesmo?

78

6 Sobre a atividade anterior, responda:

a) Que elemento você observou para eliminar as alternativas incorretas?

_____

b) O que esse elemento indica?

_____

7 Se eliminássemos as partes do narrador do conto de artimanha "A panela mágica", o texto continuaria compreensível para o leitor? Por quê?

_____

_____

_____

> Os **contos de artimanha** são da tradição oral, ou seja, foram transmitidos de geração a geração. Por isso, as histórias de Pedro Malasartes pertencem à cultura popular e não têm um único autor: as pessoas ouvem essas histórias e as transmitem oralmente ou por escrito, como fez Júlio Emílio Braz.

8 Releia outro trecho do conto de artimanha e observe a palavra destacada.

Malasartes sorriu **astuciosamente** e respondeu [...]

a) Das alternativas a seguir, qual poderia substituir "astuciosamente" sem alterar o sentido original do texto?

☐ Claramente.   ☐ Com esperteza.   ☐ Com medo.

b) Por que o narrador fez essa afirmação?

_____

_____

9 Como você viu, Malasartes é um personagem muito esperto.

a) Em que consistiu a esperteza de Malasartes nesse conto?

b) Em sua opinião, ele usou a esperteza de forma positiva ou negativa? Converse com os colegas e o professor a respeito.

10 Será que Malasartes poderia ter vendido a panela de outra forma? O que ele poderia ter feito?

_____
_____
_____
_____
_____

> Nos **contos de artimanha**, um personagem procura levar vantagem sobre outros personagens, valendo-se, para isso, de astúcia e esperteza.

11 Leia a seguir a definição dada por um dicionário eletrônico para a palavra **artimanha**.

---

artimanha

(ar.ti.*ma*.nha)
sf.
1. Modo hábil de enganar alguém para conseguir alguma coisa; ARDIL; ARTIFÍCIO: "Cuidavam que eu fosse tão simples que mei deixasse lograr por tais artimanhas..." (Camilo Castelo Branco, *Freira no subterrâneo*))
  [F.: Do espn. *artimaña*, posv.]

A A A A

Aulete Digital – http://www.aulete.com.br/artimanha

Disponível em: <www.aulete.com.br/artimanha>. Acesso em: 26 maio 2017.

a) A qual situação do conto lido essa definição pode ser aplicada?

_____
_____

b) É possível dizer que Malasartes era acostumado a levar vantagem sobre outras pessoas?

_____

c) O que você acha que poderia acontecer se os tropeiros descobrissem, antes de Malasartes ir embora, que a panela não era mágica?

_____

_____

_____

12 O título da história que você leu é "A panela mágica".

a) A panela era realmente mágica?

_____

b) Com que objetivo Malasartes atribuiu essa característica ao objeto?

_____

_____

c) Qual é a relação do título do texto com o fato de ele ser um conto de artimanha? Sua hipótese sobre essa questão estava certa?

_____

_____

_____

_____

> Os **contos de artimanha** são narrativas curtas que apresentam situações nas quais o personagem principal (humano ou animal) usa inventividade e artimanhas para alcançar um objetivo. A esperteza do protagonista sempre se destaca, e seu plano, geralmente, é revelado no final da história.

Aí vem história

E já que estamos falando de esperteza e artimanhas, você vai conhecer agora a história de uma personagem que aparece em muitos contos orais de Gana, um país da África: a esperta aranha Ananse. Leia o texto que está na página 248.

81

Ditongo e tritongo

1 Leia as palavras do quadro a seguir.

> dinheiro   acreditou   tropeiros   maneira   gaita

a) Separe em sílabas as palavras do quadro.

_____

_____

b) Leia essas palavras em voz alta e observe que nem todas as vogais são pronunciadas de forma igual. Quais ficam mais fracas? Circule-as em sua resposta ao item **a**.

c) Com um colega, pesquise, em jornais e revistas, outras palavras semelhantes às do quadro: palavras com duas vogais na mesma sílaba e que têm sons diferentes na pronúncia. Depois, recorte-as e cole-as no espaço abaixo.

2 Releia os trechos a seguir, retirados do **Texto 1**.

VOZ DE PEDRINHO – *(De fora.)* Narizinho, Emília, estou aqui! *(Freia o cavalo.)* Sôoo, pangaré! **Cheguei**, minha gente!
PEDRINHO – *(Entra.)* O que foi, Narizinho? **Conseguiu** convencer os "**noivos**"?
PEDRINHO – É **coisa** de cinco minutos. É só pegar um sabugo no **chiqueiro** do Rabicó. Pode ir buscar a Emília, que eu volto logo com o Visconde!

a) Separe em sílabas as palavras destacadas.

___

b) Agora reescreva somente as palavras que apresentam três vogais na mesma sílaba.

___

c) Qual vogal ficou com som fraco na pronúncia das sílabas?

___

> Quando há duas vogais em uma sílaba, dá-se a esse grupo de vogais o nome **ditongo**.
> Quando há três vogais na mesma sílaba, dá-se a esse grupo de vogais o nome **tritongo**.

3 Encontre no **Texto 2** quatro palavras com ditongo.

___

4 Separe em sílabas as palavras que você escreveu na atividade anterior.

___

5 Recorte as figuras da página 301 e cole-as nos espaços a seguir. Complete o nome de cada uma delas com as letras que faltam e circule os encontros vocálicos (ditongo e tritongo).

a) C ▢ D ▢ ▢ ▢ A

b) ▢ ▢ S S ▢ ▢ A

c) F ▢ ▢ ▢ ▢ ▢ R ▢

d) G ▢ ▢ ▢ ▢ B ▢

e) P ▢ ▢

f) B ▢ ▢ ▢

Produção de texto

Conto de artimanha

Planejamento e escrita

Você irá elaborar seu próprio conto de artimanha.

Capriche na história! Depois de pronto, seu texto fará parte de um livro de contos organizado pelo professor. Ele ficará na biblioteca e poderá ser emprestado a outros colegas da escola.

Antes de iniciar a produção, organize as ideias no caderno.

Marilia Pirillo

- Escolha um nome para o personagem principal da história.
- Descreva as características (aparência e comportamento) dele.
- Que problema esse personagem deverá resolver com artimanha (esperteza)?
- Descreva como o problema será resolvido, ou seja, que artimanha será aplicada.
- Descreva o lugar onde acontecerá a história.
- Haverá outros personagens? Escolha os nomes.
- Descreva as características (aparência e comportamento) deles.
- Lembre-se de que o texto será narrado em 3ª pessoa.
- Crie um título que chame a atenção dos leitores. Ele deve ser curto e dar uma ideia da história que será lida.

Revisão do texto

Agora releia seu texto e observe os aspectos a seguir.

- O texto apresenta os elementos da narrativa: personagens, narrador em 3ª pessoa, tempo e espaço?
- Há um personagem que usa esperteza para conseguir algo?
- Os personagens estão bem apresentados?
- No final, o protagonista atingiu seu objetivo com uma artimanha?
- A letra está legível, ou seja, a pessoa que ler seu texto vai entendê-lo bem?
- Você fez parágrafos para organizar sua produção?
- Há pontuação nas frases (interrogação, exclamação e ponto final)?
- A grafia das palavras está correta?

Revendo o que aprendi

1 Leia o trecho de um texto dramático de Maria Clara Machado.

O Dragão Verde

PRIMEIRA CENA

Uma praça na cidade, feita com barracas, mágicos, pregões. Todos falam ao mesmo tempo.

APRESENTADOR Senhoras e senhores, o espetáculo vai começar!

CIGANA Eu sou Semíramis. Se você quer saber o seu futuro, venha até aqui. Eu posso ver o futuro nas cartas ou em sua mão por apenas um castelão!

APRESENTADOR Senhoras e senhores, o espetáculo continua. Com vocês, o fantástico, o extraordinário malabarista! *(Entra o malabarista.)*

VENDEDORA DE FRUTAS Olha a laranjinha doce! Bananas, uvas; o freguês aí não vai querer para me ajudar? Olha a laranjinha, se estiver azeda o freguês pode trocar.

[...]

Maria Clara Machado. *Pluft, o fantasminha e O Dragão Verde*. São Paulo: Companhia das Letrinhas, 2001. p. 79-80.

a) Por que há a frase "Primeira cena" logo depois do título do texto dramático?

_____

_____

b) Como você acha que está a praça da cidade, de acordo com o trecho?

_____

_____

_____

c) Quais são as atrações do espetáculo, segundo o apresentador?

_____

_____

2 Logo depois da indicação de "Primeira cena" há um trecho escrito com letras diferentes.

a) Como é chamado esse tipo de texto?

_____

b) Quais são as diferenças entre as rubricas de *O Dragão Verde* e *O casamento da Emília*?

_____

_____

_____

c) Assinale as duas alternativas corretas sobre outras duas diferenças entre os textos dramáticos estudados.

☐ *O casamento da Emília* tem personagens, e *O Dragão Verde* não tem.

☐ No texto *O casamento da Emília* há travessão antes das falas dos personagens, no texto *O Dragão Verde*, não.

☐ Não há descrição de cenário no texto *O Dragão Verde*, mas no texto *O casamento da Emília* há.

☐ No texto *O casamento da Emília* não há divisão em cenas, já no texto *O Dragão Verde* há.

3 Circule, nos trechos do conto "A panela mágica" a seguir, os parênteses, as reticências e os dois-pontos.

Trecho 1
Recordo-me de certa vez em que ele, viajando pelo mundo, sua maior paixão, comprou uma panelinha (é, de vez em quando ele adquiria as coisas da maneira mais convencional) para fazer comida.

Trecho 2
– Ah, não – respondeu Malasartes. – Eu paguei bem caro por ela e...
– Nós pagamos mais! – ajuntou um dos tropeiros.

Trecho 3
– Está bem – Malasartes finalmente concordou, acrescentando: – Acho que com o cavalo minha viagem será mais curta e eu consigo comprar outra panelinha.

4 No Trecho 1 da atividade 3, os parênteses foram empregados para:

☐ explicar o que é uma panelinha.

☐ isolar um comentário do narrador.

5 Por que o narrador afirmou que às vezes Malasartes "adquiria as coisas da maneira mais convencional"?

☐ Para esclarecer que nem sempre Malasartes usava a esperteza para obter o que queria.

☐ Para mostrar que Malasartes só usava a esperteza para obter o que queria.

6 No Trecho 2, o que as reticências indicam?
_____
_____

7 No Trecho 3, qual é a função dos dois-pontos?
_____
_____

8 Encontre três palavras em que há ditongo, um em cada trecho da atividade 3, e sublinhe-as.

Para ir mais longe

Livros

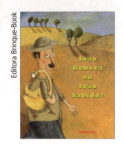

▸ **João Boboca ou João Sabido?**, de Rosane Pamplona. São Paulo: Brinque-Book, 2009.

Ingênuo e de coração puro, João acredita cegamente nas pessoas e no amor ao próximo. Depois que sua mulher pede a ele que troque uma vaca por alguma coisa boa, João faz uma série de trocas pouco inteligentes. No entanto, o leitor vai perceber que aqueles que parecem bobinhos, na verdade, são muito sábios.

▸ **Eram qu4tro vezes**, de Flavio de Souza. São Paulo: FTD, 2009.

O livro traz versões diferentes de quatro cenas da história de Chapeuzinho Vermelho, além de explicações de termos próprios do universo do teatro. Numa das histórias, o Lobo Mau é um pai de família; em outra, a vovozinha gosta de andar na moda.

▸ **Aventuras de Pedro Malasartes**, de Nelson Albissú. São Paulo: Cortez, 2009.

Famoso por sua astúcia, Pedro Malasartes vive a tirar vantagens das situações. Enquanto reconta as aventuras desse personagem da cultura popular, o escritor Nelson Albissú nos traz reflexões a respeito das atitudes que temos com os outros.

▸ **Novas aventuras de Pedro Malasartes**, de Hernâni Donato. São Paulo: Melhoramentos, 2012.

Você sabia que o personagem Pedro Malasartes é popular no mundo todo, mas em cada país tem um nome diferente? Nesse livro, ele faz uma longa viagem, na qual salva pessoas e usa seus curiosos métodos para conseguir o que quer.

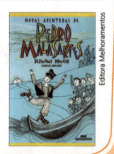

Visitação

▸ **Museu Monteiro Lobato**. Taubaté, São Paulo.

Os monitores do museu passeiam pelo sítio e interagem com os visitantes caracterizados como personagens do Sítio do Picapau Amarelo. Há também apresentação de teatro baseado na obra de Monteiro Lobato.

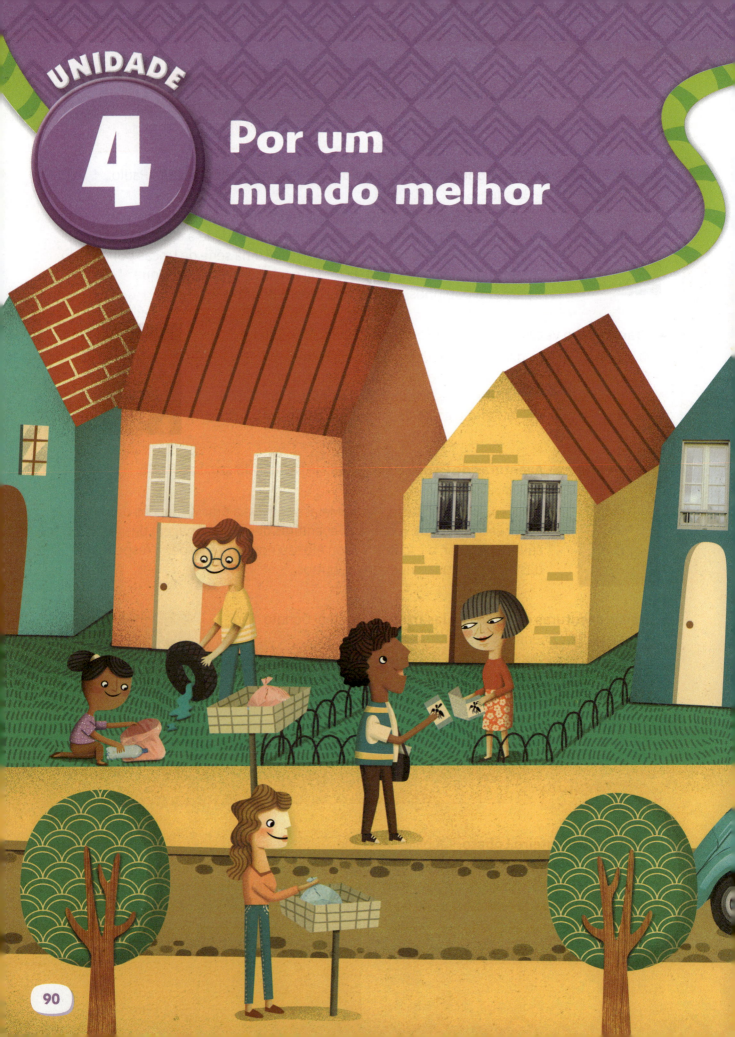

UNIDADE 4
Por um mundo melhor

- O que as pessoas estão fazendo?
- Campanhas de prevenção contra doenças são importantes? Por quê?
- Você já viu alguma campanha como essa? Conte sua experiência.

Encontre os pares corretos!

1 Ligue a imagem ao texto que a descreve. Você descobrirá algumas formas de prevenir a dengue!

Deixe o vaso sanitário sempre com a tampa fechada ou vede-o com plástico.

Lave o suporte de água ao trocar de galão. Deixe-o tampado se não estiver em uso.

Deixe garrafas, baldes e vasos em locais cobertos, sempre com a boca para baixo.

2 Você conhece os sintomas da dengue? O texto a seguir, um artigo de divulgação científica, explica quais são eles. O artigo foi escrito por Andressa Spata e publicado no *site* da revista *Ciência Hoje das Crianças*.

Texto 1 — Artigo de divulgação científica

A dengue em crianças

Entenda como a doença se manifesta durante a infância e mantenha seus pais informados!

1º Você já ouviu falar na dengue? Com certeza, sim. Afinal, essa doença, causada por um vírus transmitido pelo mosquito *Aedes aegypti*, é muito comum no verão e no período chuvoso, devido ao maior acúmulo de água em terrenos abandonados. Febre alta, dores de cabeça, nos músculos e nas articulações são alguns dos sintomas dessa moléstia. Mas você sabia que eles são mais comuns nos adultos? Em crianças como você, a dengue se manifesta de forma um pouco diferente...

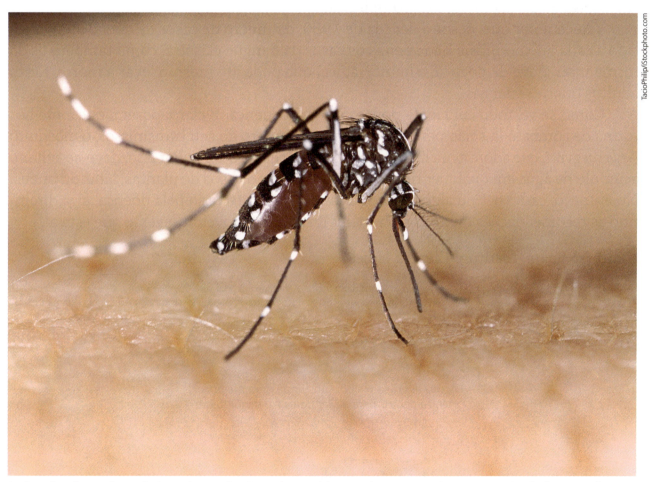

▶ A melhor forma de combater a dengue é evitar o desenvolvimento do seu transmissor, o mosquito *Aedes aegypti*.

2º De acordo com a pediatra Consuelo Oliveira, da Sociedade de Pediatria do Pará, ao contrário dos adultos, as crianças não costumam sentir dores de cabeça tão fortes. Em compensação, podem ter acessos de vômito e dores abdominais. Por outro lado, a febre, que costuma ser alta nos adultos, é mais branda nas crianças. Assim, a doença acaba muitas vezes sendo confundida com uma gripe.

3º   Isso é ruim, pois os pais acabam dando para seus filhos medicamentos à base de ácido acetilsalicílico para diminuir a febre. O problema é que remédios com essa substância podem favorecer o aparecimento de hemorragias na evolução da doença. Então, eis aí uma informação que você pode passar para eles e garantir que a doença seja tratada corretamente desde o início.

4º   Aliás, outra dica da pediatra que pode ser muito útil aos pais é ficar atento quando a febre aparece sem nenhum motivo aparente e persiste por mais de dois dias. Além disso, é importante observar se a criança – no caso, você! – tem tido mudança de humor (ficar mais irritado) ou sonolência. Se forem constatados esses sintomas, Consuelo recomenda que se consulte um médico para ter a certeza que se trata da doença.

5º   Confirmada a suspeita, começará o tratamento. Nele, o paciente ingere bastante líquido (soro oral, sucos, água de coco), utiliza medicamentos para aliviar os sintomas – como analgésicos para as dores e antitérmicos para a febre –, além de remédios específicos, caso haja algum tipo de complicação.

6º   Vale lembrar que, desde a década de 1980, o número de casos de dengue tem crescido a cada ano no Brasil: não apenas os casos da dengue clássica, como também os da forma mais grave da doença, a hemorrágica, que pode até mesmo levar à morte, tanto adultos quanto crianças.

7º   Como se vê, todo cuidado é pouco com essa doença. É claro, porém, que a melhor forma de combatê-la é não permitir o desenvolvimento do seu transmissor, o mosquito *Aedes aegypti*, que adora água limpa e parada para se reproduzir. Por isso, deve-se evitar o acúmulo de água em qualquer tipo de recipiente, como vasos de plantas, latas ou pneus. No entanto, caso você ou alguém da sua família seja infectado pela doença, siga direitinho as recomendações médicas para melhorar logo e aproveitar o verão que está aí.

Andressa Spata, Instituto Ciência Hoje.

Andressa Spata. A dengue em crianças. *Ciência Hoje das Crianças*, 11 jun. 2010. Disponível em: <http://chc.org.br/a-dengue-em-criancas>. Acesso em: 25 maio 2017.

Glossário

Ácido acetilsalicílico: substância presente em medicamentos para aliviar dores e diminuir febre.

Quem escreveu?

Andressa Spata é formada em Geografia e Jornalismo e se especializou em Sustentabilidade. Além de escrever livros e artigos para jornais e revistas, ela desenvolve projetos de Educação Ambiental.

Estudo do texto

1 Qual é o título do artigo?

_____

_____

2 Logo após o título do artigo, há uma frase que o resume.

a) Sublinhe a frase.

b) Segundo essa frase, qual é o assunto do artigo?

_____

_____

c) Em sua opinião, essas duas partes do texto relacionam-se? Por quê?

_____

_____

_____

_____

3 Descreva, com suas palavras, alguns sintomas da dengue.

_____

_____

_____

4 Esse texto foi escrito para:

◯ médicos.   ◯ crianças.   ◯ biólogos.

◆ Circule, no texto, passagens que justifiquem sua resposta.

> O objetivo principal de um **artigo de divulgação científica** é apresentar informações e dados científicos sobre determinado tema para quem não é especialista nele, ou seja, para o público interessado em conhecer um assunto ou aprofundar o conhecimento sobre ele.

5 Na imagem a seguir, circule o que representa um erro no combate à dengue.

6 Em casa, como você e seus familiares se previnem contra a dengue?

_____

_____

_____

7 Complete as lacunas escrevendo a qual(is) parágrafo(s) cada afirmação se refere.

a) O _____ parágrafo apresenta uma síntese do tema do artigo, de forma parecida com o resumo, mas com alguns detalhes a mais.

b) Do _____ ao _____ parágrafos são explicados dados e informações a respeito do tema de forma mais específica e completa.

c) O _____ parágrafo apresenta uma conclusão sobre o tema, encerrando o artigo.

> Os artigos de divulgação científica expõem, logo no início do texto, o tema que será tratado. Essa parte é chamada de **introdução**. Eles também têm outras duas partes: **explicação** e **conclusão**.

8 Agora complete o esquema escrevendo o nome de cada parte.

_____	→	1º parágrafo
_____	→	2º ao 6º parágrafo
_____	→	7º parágrafo

9 No texto há dois nomes de pessoas. Sublinhe esses nomes e explique quem são essas pessoas.

_____
_____
_____

> Em geral, o artigo de divulgação científica é escrito por alguém que se dedica a estudar ou pesquisar o tema abordado. Além disso, é comum a presença de informações fornecidas por especialistas no assunto.

10 Observe a imagem que acompanha o texto. Por que foi colocada uma fotografia do mosquito *Aedes aegypti*?

_____
_____

> Artigos de divulgação científica podem apresentar fotografias, tabelas, gráficos e ilustrações, entre outros elementos visuais, para esclarecer, complementar ou enriquecer as informações.

11 O artigo que você leu o ajudou a entender melhor o que é e como evitar a dengue? Você o considera importante para as pessoas que querem se informar sobre o assunto?

Uso de -oso/-osa e -ez/-eza

1 Releia um trecho do artigo de divulgação científica.

> Você já ouviu falar na dengue? Com **certeza**, sim. Afinal, essa doença [...] é muito comum no verão e no período **chuvoso** [...].

a) Encontre no diagrama as palavras destacadas e outras que terminem em **-oso**, **-ez** e **-eza**.

C	E	R	T	E	Z	A	B	W	S	X	T	L	B
H	W	S	Ç	R	L	Q	G	D	H	R	I	P	O
U	H	A	M	O	R	O	S	O	N	L	M	S	N
V	Q	B	R	G	T	H	B	D	R	H	I	N	D
O	R	C	O	R	A	J	O	S	O	T	D	Q	O
S	L	T	C	L	A	R	E	Z	A	Ç	E	B	S
O	G	H	B	S	R	A	P	I	D	E	Z	W	O

b) Escreva na coluna adequada as palavras encontradas.

Adjetivo	Substantivo

2 As palavras que você escreveu na coluna Adjetivo foram formadas de substantivos, como no exemplo:

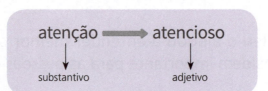

- Escreva os substantivos que deram origem aos adjetivos encontrados no diagrama.

   a) Amoroso: _____.

   b) Chuvoso: _____.

   c) Corajoso: _____.

   d) Bondoso: _____.

3 As palavras que você escreveu na coluna Substantivo foram formadas de adjetivos, como nos exemplos:

gentil ⟶ gentileza
adjetivo   substantivo

viúvo ⟶ viuvez
adjetivo   substantivo

- Escreva os adjetivos que deram origem aos substantivos encontrados no diagrama.

   a) Clareza: _____.

   b) Certeza: _____.

   c) Rapidez: _____.

   d) Timidez: _____.

4 Complete as lacunas com as palavras **substantivos** ou **adjetivos**.

   a) A terminação **-oso/-osa** ocorre em **adjetivos** formados de _____.

   b) A terminação **-ez/-eza** ocorre em **substantivos** formados de _____.

5 Agora complete o quadro com os substantivos ou adjetivos que faltam.

Substantivo	Adjetivo
cheiro	
	medroso
capricho	
	grandeza
	certeza
	limpeza

Texto 2 — Fôlder

1. Você já leu um fôlder? Onde o pegou ou recebeu? O que estava escrito nele? Conte aos colegas e ao professor.

2. Observe esta miniatura de fôlder. Uma parte é a frente dele, a outra é o verso. Qual será o aspecto desse material depois de montado? Qual será seu conteúdo? Para descobrir, recorte o fôlder que está nas páginas 101 e 102 e siga as instruções do professor.

Imagens: Governo de Santa Catarina

DENGUE MATA

PREVENIR É UMA RESPONSABILIDADE DE TODOS.

ALÉM DA DENGUE, O AEDES AEGYPTI TRANSMITE AS DOENÇAS ZIKA E CHIKUNGUNYA

VOCÊ SABIA?

- ELIMINAR OS CRIADOUROS POTENCIAIS DO MOSQUITO É A PRINCIPAL MEDIDA CONTRA AS TRÊS DOENÇAS
- É IMPORTANTE PERMITIR E ACOMPANHAR A VISITA DO AGENTE DE SAÚDE NA SUA CASA
- CADA FÊMEA COLOCA MAIS DE 100 OVOS POR VEZ
- OS OVOS PODEM DURAR UM ANO E MEIO FORA DA ÁGUA
- SÓ AS FÊMEAS PICAM AS PESSOAS. ELAS PRECISAM DE SANGUE PARA AMADURECER OS OVOS

www.dengue.sc.gov.br

PRINCIPAIS SINAIS E SINTOMAS

DENGUE
- FEBRE ALTA
- DOR ATRÁS DOS OLHOS
- DOR MUSCULAR INTENSA

CHIKUNGUNYA
- FEBRE ALTA
- DOR INTENSA NAS ARTICULAÇÕES QUE PODE CAUSAR LIMITAÇÃO DOS MOVIMENTOS

ZIKA
- FEBRE BAIXA
- MANCHAS AVERMELHADAS PELO CORPO COM COCEIRA (EXANTEMA)
- INCHAÇO NAS ARTICULAÇÕES

QUEM APRESENTAR ESSES SINAIS E SINTOMAS, DEVE TOMAR MUITA ÁGUA, NÃO SE AUTOMEDICAR E PROCURAR UMA **UNIDADE DE SAÚDE.**

PERIGO TRIPLO

O mosquito Aedes aegypti é transmissor de vírus que provocam três importantes doenças. A mais conhecida é a dengue, que atinge milhares de pessoas no país todos os anos.

Além da dengue, o mesmo mosquito pode transmitir a febre de chikungunya e a zika. Essas doenças foram introduzidas recentemente no Brasil e já apresentam transmissão em diversos estados.

Santa Catarina registrou a primeira epidemia de dengue em 2015, com mais de 3.000 casos da doença.

FIQUE ALERTA

A quantidade de criadouros com larvas de Aedes aegypti vem crescendo nos últimos anos, assim como o número de municípios infestados por esse mosquito.

A fêmea do mosquito Aedes aegypti deposita seus ovos nas paredes internas de recipientes que tenham ou que possam acumular água parada. Em contato com a água, os ovos evoluem até se transformarem em mosquitos adultos. Quanto mais quente e úmido o clima, maior será a população de mosquitos.

OBSERVE O AMBIENTE QUE VOCÊ VIVE. ELIMINAR OS CRIADOUROS DO MOSQUITO AINDA É A MELHOR ESTRATÉGIA PARA EVITAR ESSAS DOENÇAS.

COMO ELIMINAR OS CRIADOUROS DO MOSQUITO

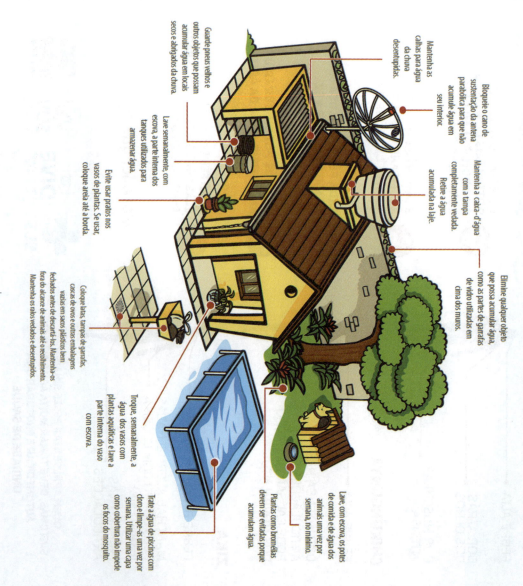

Mantenha as calhas para água da chuva desentupidas.

Bloqueie o cano de sustentação da antena parabólica para que não acumule água em seu interior.

Mantenha a caixa-d'água com a tampa completamente vedada. Retire a água acumulada na laje.

Elimine qualquer objeto que possa acumular água, como as partes de garrafas de vidro utilizadas em cima dos muros.

Guarde pneus velhos e outros objetos que possam acumular água em locais secos e abrigados da chuva.

Lave semanalmente, com escova, a parte interna dos tanques utilizados para armazenar água.

Evite usar pratos nos vasos de plantas. Se usar, coloque areia até a borda.

Coloque latas, tampas de garrafas, cascas de ovos e outras embalagens vazias em sacos plásticos bem fechados antes de descartá-los. Mantenha-os fora do alcance de animais até o recolhimento. Mantenha os tabis vedados e desentupidos.

Troque, semanalmente, a água dos vasos com plantas aquáticas e lave a parte interna do vaso com escova.

Plantas como bromélias devem ser evitadas porque acumulam água.

Trate a água de piscinas com cloro e limpe-as uma vez por semana. Utilizar uma capa como cobertura não impede os focos do mosquito.

Lave, com escova, os potes de comida e de água dos animais uma vez por semana, no mínimo.

Governo de Santa Catarina

Estudo do texto

1 Depois de ler o fôlder, responda.

a) Quando você recebe um fôlder como este, o que imagina que vai encontrar ao abri-lo?

b) Em sua opinião, para que serve esse tipo de papel?

c) Como você montou o fôlder?

2 Abra completamente o fôlder e observe o lado interno dele.

a) Qual é o título da parte principal do lado interno? Escreva-o.

_____

_____

b) O que você observou no texto para responder à atividade anterior?

_____

_____

3 Ainda no lado interno do fôlder, leia o texto que está em letras maiúsculas e traço mais forte, na lateral esquerda, na parte de baixo.

a) A quem o texto está dirigido?

_____

_____

b) Por que você acha que houve esse direcionamento?

_____

_____

4 A presença de imagens facilita o entendimento da mensagem? Por quê?

_____

_____

_____

5 Na parte inferior da capa do fôlder, há um prato.

a) O mosquito está em cima de quê?

_____

b) Que mensagem essa ilustração transmite?

_____

_____

6 Dobre o lado esquerdo do fôlder, que é a capa dele. Vire-o e observe a parte do meio, com o título "Você sabia?".

a) O que significam os desenhos que vêm antes das frases?

_____

_____

b) Quem são os responsáveis pela divulgação do fôlder?

_____

_____

_____

c) Como você obteve essa informação?

_____

_____

> O objetivo de um **fôlder** é informar o leitor sobre um assunto e convencê-lo a assumir uma atitude, adotar um hábito ou comprar um produto. Para isso, são usados recursos como letras coloridas e de tamanhos diferentes e imagens para ajudar nas explicações.

7 Complete as frases a seguir de acordo com as informações lidas no fôlder.

a) O mosquito *Aedes aegypti* transmite três doenças: _____,

_____ e _____.

b) Uma medida contra essas doenças é eliminar os _____.

Estudo da língua

Uso da pontuação

1 Armandinho é o personagem principal de uma série de tirinhas criada por Alexandre Beck. Leia uma delas e responda às atividades.

a) Por que Armandinho pergunta ao pai se já pode doar sangue?

b) Por que o pai diz ao menino que ele não pode doar sangue?

c) O que causa o humor nessa tirinha?

2 Marque a alternativa que explica a função da vírgula no primeiro quadrinho.

☐ A vírgula serve para separar o vocativo.

☐ A vírgula foi usada para separar um aposto.

☐ A vírgula foi usada para isolar um adjetivo.

3 No 1º quadrinho, se o último sinal de pontuação fosse um ponto final, a frase teria o mesmo efeito? Por quê?

_____

_____

4 No 2º e no 3º quadrinhos, o autor usou ponto de exclamação no final das frases. Esse sinal indica:

☐ surpresa. ☐ pergunta. ☐ dúvida.

5 Reescreva o diálogo entre pai e filho dando continuidade ao que é mostrado abaixo. Para isso, você deverá usar os sinais de pontuação a seguir: travessão (–), dois-pontos (:), ponto final (.) e vírgula (,).

Certo dia, antes de dormir, Armandinho chega para o pai e diz:

_____

_____

_____

_____

6 O trecho a seguir foi retirado do **Texto 1**. Releia-o com atenção para fazer as próximas atividades.

Febre alta, dores de cabeça, nos músculos e nas articulações são alguns dos sintomas dessa **moléstia**. Mas você sabia que eles são mais comuns nos adultos?

a) Pensando no assunto tratado nos textos até aqui, a que doença os sintomas se referem?

_____

b) Escolha, entre as opções a seguir, a que poderia substituir a palavra destacada no trecho.

☐ médica ☐ febre ☐ doença

7 Escreva o nome dos sinais de pontuação que você identificou no trecho lido na atividade anterior.

_____

8 As vírgulas usadas no trecho apresentado na atividade 6 servem para:

☐ isolar os vocativos.

☐ separar termos de uma lista.

☐ isolar os substantivos.

9 No final do trecho há uma pergunta. A quem ela se dirige?

_____

Um pouco mais sobre

Água

Vamos conhecer melhor esse precioso recurso natural que é a água!

- Quase toda a água do planeta é salgada e está nos oceanos. Essa água não pode ser consumida de forma natural.
- A pequena parte da água da Terra que pode ser consumida é chamada água doce. Mas está quase toda congelada!
- Portanto, só uma porção bem pequena da água doce está disponível para consumo.

[...]
Apenas como comparação, imagine se toda a água do planeta coubesse numa garrafa grande de refrigerante. Apenas o equivalente a um copinho de café seria de água doce, e apenas **uma gota** deste copo seria economicamente viável para o consumo de toda a população da Terra.

Atlas geográfico escolar: Ensino Fundamental – do 6º ao 9º ano. Rio de Janeiro: IBGE, 2010. p. 107.

Clarissa França

Como você viu, é preciso cuidado para não poluir nem desperdiçar a água. E todos devem ficar atentos.

Veja estas dicas para economizar água:

- tome banhos rápidos;
- feche a torneira enquanto escova os dentes e ensaboa as mãos;
- peça a seus pais ou às pessoas que cuidam de você que mantenham os canos e as torneiras da casa funcionando bem e sem vazamentos.

1 Em sua casa, vocês evitam o desperdício de água?

2 Além das dicas anteriores, quais outras você daria para economizar água no dia a dia?

Contas de água

A água é considerada um bem público – isto é, pertence a todos. Entretanto, as pessoas pagam às empresas de abastecimento para que façam a captação e o tratamento da água e a distribuição dela às casas, indústrias, fazendas, escolas etc. A cobrança é feita mensalmente por meio de conta. Observe esta conta de água e leia a legenda:

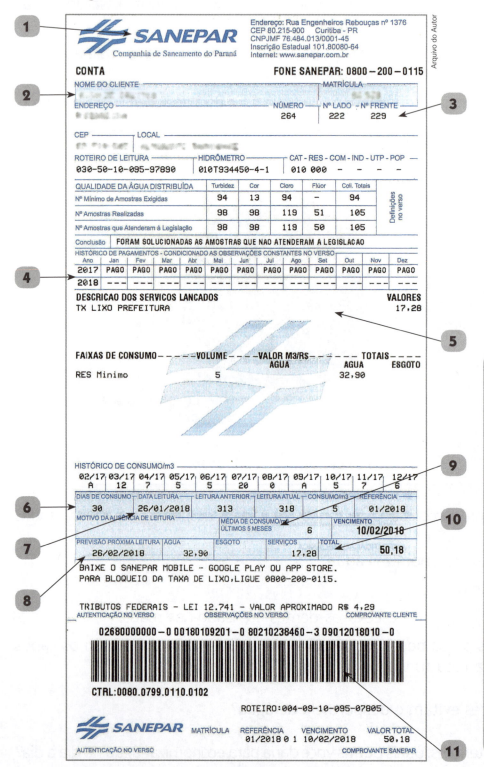

Legenda

1. Nome da empresa responsável pelo abastecimento de água.
2. Identificação do cliente/consumidor.
3. Endereço em que é fornecida a água.
4. Pagamentos feitos nos últimos meses.
5. Serviços realizados, multas por pagamento em atraso (se houver) e valores cobrados.
6. Dias de consumo transcorridos da última leitura de consumo até a atual.
7. Data em que foi feita a leitura do consumo.
8. Data da próxima leitura de consumo.
9. Consumo médio de água nos últimos 5 meses.
10. O total a ser pago é a soma dos itens "água", "esgoto" e "serviços".
11. Código de barras para pagamento em agentes arrecadadores (bancos, lotéricas, supermercados).

1 Na conta de água que chega a sua casa, você sabe que dados aparecem nos campos destinados ao endereço do consumidor? Preencha os campos abaixo com seu endereço.

ENDEREÇO (RUA, AVENIDA, PRAÇA ETC.): _____

_____

NÚMERO: _____

CEP: _____

LOCAL (CIDADE): _____

2 Observe novamente a conta da página anterior e responda às perguntas a seguir.
  a) Até quando o consumidor deveria pagá-la?
  b) O que acontece quando o consumidor paga uma conta após a data de vencimento?

3 Onde e como esse tipo de conta é pago?

4 Circule o código de barras na conta de água da página anterior e, depois, converse com os colegas: O que é um código de barras e para que serve?

5 Em que outras contas e produtos se encontram códigos de barras?

_____

_____

_____

Aí vem história

Você viu que devemos tomar banhos rápidos para não desperdiçar água. Mas há um menino que adora tomar banhos demorados. Será que ninguém vai chamar a atenção dele? Leia o poema da página 250 e descubra!

Produção de texto

Fôlder

No **Texto 2**, você leu um fôlder e conheceu suas características. Agora é sua vez de produzir um!

Com um colega, você criará um fôlder sobre maneiras de combater o mosquito *Aedes aegypti*, transmissor da dengue. Os materiais produzidos pela turma serão distribuídos, de acordo com as orientações do professor e da direção da escola, aos pais ou às pessoas que cuidam de vocês.

Para desenvolver o texto, vocês precisarão de informações. Além do **Texto 1** desta unidade, vocês podem usar outros como fonte de consulta, obtidos em uma pesquisa na biblioteca, em jornais, revistas ou na internet.

Sigam as orientações abaixo.

1. Não copiem integralmente os textos. Escolham as informações que considerarem importantes.
2. Recortem imagens relacionadas ao tema (combate ao mosquito transmissor da dengue) para colocar no fôlder. Vocês também podem desenhar.
3. Usem uma folha de papel sulfite. Lembrem-se de que ela deverá ser dobrada.
4. Para distribuir os textos e as imagens no fôlder, usem como modelo aquele que vocês montaram nesta unidade.
5. Elaborem um título para o fôlder e deixem-no bem colorido. Usem letras maiores quando quiserem chamar a atenção para determinada informação!

Revisão do texto

Antes de entregarem o fôlder ao professor, façam uma revisão dele, verificando os itens a seguir.

- O texto apresenta as características do fôlder, como poucas palavras, figuras ou desenhos?
- Há dicas para ajudar os leitores?
- A folha está dobrada corretamente?
- As informações mais importantes estão escritas com letras destacadas?
- A letra está legível? O leitor vai conseguir entender o que vocês escreveram?

Se necessário, modifiquem ou reescrevam as informações do fôlder.

Seminário

Seminário é uma apresentação oral em que uma pessoa ou um grupo expõe a uma plateia informações sobre determinado tema. Para complementar a apresentação oral, podem ser usados cartazes e *slides*, por exemplo.

Durante a exposição, é necessário mencionar as fontes pesquisadas. Depois, as pessoas da plateia opinam ou fazem perguntas sobre alguma informação, para esclarecê-la ou completá-la.

Forme grupo com alguns colegas e, juntos, pesquisem o tema que for sorteado para vocês. O resultado da pesquisa será apresentado em um seminário.

| febre amarela | malária | leptospirose |
| hepatite | cólera | esquistossomose |

Parte 1: A pesquisa

Sigam este roteiro para fazer a pesquisa.

1. Histórico da doença: Em que ano ela foi registrada pela primeira vez?
2. Em que regiões do Brasil ou do mundo é mais frequente?
3. Qual é o tratamento e como deve ser realizado?
4. Quais são os sintomas?
5. Como deve ser feita a prevenção?

Parte 2: A apresentação

1. Depois que a pesquisa estiver pronta, sigam o roteiro para organizar o que vai ser dito à plateia.
2. O professor estabelecerá um tempo para cada grupo, e você e os colegas dividirão o tempo entre vocês.
3. Sejam objetivos durante a apresentação, isto é, falem de modo claro, sem empregar expressões como "aí", "tipo", "demorô" etc.
4. Escolham as informações mais importantes para serem colocadas em um cartaz. Os colegas poderão fazer perguntas; por isso, estudem o tema.
5. Antes do seminário, treinem em casa: fiquem atentos ao volume da voz, que não deve ser muito alto nem muito baixo; e ao ritmo da fala, que não pode ser lento nem rápido demais.

Revendo o que aprendi

1 Releia este trecho do **Texto 1**.

> Você já ouviu falar na dengue? Com certeza, sim. Afinal, essa doença, causada por um vírus transmitido pelo mosquito *Aedes aegypti*, é muito comum no verão e no período chuvoso, devido ao maior acúmulo de água em terrenos abandonados. Febre alta, dores de cabeça, nos músculos e nas articulações são alguns dos sintomas dessa moléstia. Mas você sabia que eles são mais comuns nos adultos? Em crianças como você, a dengue se manifesta de forma um pouco diferente...
>
> De acordo com a pediatra Consuelo Oliveira, da Sociedade de Pediatria do Pará, ao contrário dos adultos, as crianças não costumam sentir dores de cabeça tão fortes. Em compensação, podem ter acessos de vômito e dores abdominais. Por outro lado, a febre, que costuma ser alta nos adultos, é mais branda nas crianças. [...]

a) Esse trecho corresponde a que parte do artigo de divulgação científica?

☐ Introdução.

☐ Explicação.

☐ Conclusão.

b) Quais são os sinais de pontuação usados nesse trecho?

_____

_____

c) Nesse trecho, as reticências indicam que:

☐ o assunto irá continuar no próximo parágrafo.

☐ o assunto foi interrompido e não será mais abordado.

☐ houve interrupção de uma fala.

d) No segundo parágrafo, houve continuidade do tema?

☐ Sim.

☐ Não.

e) Sublinhe, no segundo parágrafo, os termos que justificam sua resposta.

2 Para responder às perguntas a seguir, tenha em mãos o fôlder da página 102 que você montou e abra-o.

   a) No lado interno, à esquerda, na parte de cima, há um subtítulo: "Perigo triplo". A que se refere essa expressão?

   _____
   _____
   _____

   b) No trecho referente a esse substítulo, em que parágrafo é mencionado quando as doenças foram introduzidas no país?

   _____

   c) O que é informado no terceiro parágrafo desse trecho?

   _____
   _____
   _____

3 Agora dobre o lado direito do fôlder.

   a) Que informações estão listadas nessa parte?

   _____
   _____
   _____

   b) Qual sintoma se repete nas três doenças?

   _____
   _____

   c) Por que há uma linha que aponta para a cabeça de uma pessoa?

   _____
   _____
   _____

113

4 Observe as capas de dois livros com tirinhas e histórias em quadrinhos do gato Garfield, criado por Jim Davis.

 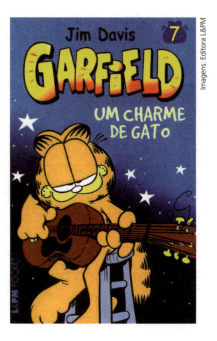

a) Circule os títulos e subtítulos dos livros.

b) Complete as lacunas:

• Segundo os títulos, Garfield é um gato _____ e _____.

c) Arlene é uma gata que aparece em algumas histórias de Garfield. Como ficaria a frase do item anterior se ela fosse sobre Arlene? Escreva-a.

_____
_____

d) Releia as frases que você completou na atividade 4 da página 99. Qual delas se aplica à formação das palavras **preguiçoso** e **charmoso**?

☐ Frase **a**. ☐ Frase **b**.

5 Forme novas palavras com as terminações **-oso** e **-osa**.

a) O gato Garfield tem fama, ele é _____.

b) Arlene tem cuidado, ela é _____.

c) O *Aedes aegypti* oferece perigo, ele é _____.

Para ir mais longe

Livros

▶ **Por que os mosquitos zunem no ouvido da gente**, de Verna Aardema. São Paulo: Global, 2005.

A mentira do mosquito desencadeou uma confusão tão grande entre os animais que a coruja até esqueceu de piar para o sol nascer. Trata-se de um conto da África Ocidental recontado pela escritora Verna Aardema.

▶ **Q barato ou a metaformose!**, de Guto Lins. São Paulo: Globo, 2013.

Nesse livro, o autor e ilustrador Guto Lins apresenta uma série de poemas divertidos, feitos com base no jogo entre as palavras e seus significados, tais como barato e barata e formigar e formiga.

▶ **O maior tesouro da humanidade**, de Patrícia Engel Secco. São Paulo: Melhoramentos, 2012.

Essa obra aborda a origem da água e da vida no planeta. Com os personagens Artur e Alice, o livro alerta sobre a importância de preservar os recursos hídricos para o futuro do planeta.

▶ **Bichos do lixo**, de Ferreira Gullar. Rio de Janeiro: Edições de Janeiro, 2014.

Nesse livro, o autor reúne pedaços de envelopes, convites e propagandas com muita criatividade e poesia. Desses materiais considerados lixo por alguns, surgem bichos fantásticos.

Site

▶ **Ciência Hoje das Crianças**: <http://chc.org.br>. Acesso em: 12 jun. 2019.

Nesse *site* é possível encontrar textos e reportagens sobre ciência, ecologia e as mais diversas curiosidades, além de vídeos e jogos.

UNIDADE 5
Em seu lugar

- Em sua opinião, as pessoas da cena estão se divertindo?
- Quais são os gestos de solidariedade e respeito que ocorrem na arquibancada?
- Você já presenciou atitudes solidárias e de respeito? Conte para a turma.

Basquete cooperativo

Nesta brincadeira, você e os colegas terão de colocar um balão de festa na cesta. Fácil, não é? Mas isso deverá ser feito sem usar as mãos!

Em um canto da sala, o professor colocará uma cesta de basquete ou outro recipiente que possa cumprir essa função. No outro canto, ficarão os participantes.

O professor jogará um balão para o alto e os jogadores precisarão movimentá-lo somente soprando-o. Caso alguém toque no balão ou ele caia, o jogo começará de novo. Vamos lá!

1 Qual foi a sensação de jogar basquete sem usar as mãos?

2 Você e os colegas precisaram cooperar uns com os outros para conseguir levar o balão até o balde?

3 Você lerá uma história em quadrinhos. Observe Horácio (o dinossauro verde), personagem criado por Mauricio de Sousa. Como ele poderia ajudar alguém?

Texto 1 — História em quadrinhos (HQ)

1. Quem é o personagem principal da história? Como você descobriu?
_____
_____

2. Como se organiza uma história em quadrinhos (HQ)? Marque um **X** nas respostas corretas.

☐ O texto é organizado em parágrafos.

☐ Os diálogos são indicados por travessões.

☐ Há divisão em quadrinhos.

☐ As falas dos personagens estão em balões.

3. No primeiro, segundo e terceiro quadrinhos, Horácio não diz nenhuma palavra.
   a) O que há nos balões de fala desse personagem?
   _____
   _____

   b) Que ideias eles transmitem?
   _____
   _____

   c) No penúltimo quadrinho, há um balão de fala parecido com esses. Qual é a diferença dele em relação aos anteriores?
   _____
   _____

   d) Que efeito essa diferença causa na história?
   _____
   _____
   _____

4 Observe as expressões do amigo de Horácio no 13º e no 15º quadrinho:

a) A qual quadrinho as frases a seguir se referem?

◆ O amigo de Horácio está triste. ☐

◆ O amigo de Horácio está contente. ☐

b) O que você observou para responder à atividade anterior?

_____
_____
_____

5 O amigo de Horácio conseguiu fazer a obra de arte que tanto queria? Por quê?

_____
_____

6 Marque com um **X** a alternativa que explica a importância da sequência dos quadrinhos em uma HQ.

☐ A sequência dos quadrinhos em uma HQ mostra a ordem dos acontecimentos na narrativa.

☐ Os quadrinhos de uma HQ não precisam estar em ordem.

> As **HQs são narrativas** em que, geralmente, não há narrador. As imagens são tão importantes quanto as palavras para a compreensão da história. Por isso, os elementos visuais – como cor, ou ausência de cor, tipo de letra, expressões faciais, gestos, entre outros – são essenciais para entender uma HQ.

7 Horácio gostou da ideia de ser modelo para uma escultura? Que elementos da HQ indicam isso?

_____
_____
_____

8 E você, gostaria de ser modelo de uma escultura? Por quê?

_____
_____

9 Observe o sexto quadrinho.

a) De quem é a fala no balão?
_____

b) A mensagem é positiva ou negativa? Por quê?
_____
_____

c) O que a expressão de Horácio indica?
_____
_____
_____

d) Em sua opinião, por que o amigo de Horácio disse isso a ele?
_____
_____
_____

e) Horácio ficou magoado com o amigo? Justifique.
_____
_____

10 Releia, no oitavo quadrinho, a fala do amigo de Horácio e observe os objetos que ele segura.

a) O que é **cinzel**?

_____

_____

_____

b) Consulte essa palavra em um dicionário para confirmar sua conclusão.

11 No 13º quadrinho, o amigo de Horácio está chorando. Veja.

◆ Além das lágrimas, o que demonstra isso?

_____

> As palavras que imitam sons ou ruídos, como **chuif**, **zum-zum**, **tique-taque** etc., são chamadas **onomatopeias** e são um recurso muito empregado em HQs.

12 O que Horácio fez no final da história? Por que ele teve essa atitude?

_____

_____

_____

_____

_____

125

Estudo da língua

Concordância nominal

1 Releia estes dois quadrinhos.

a) Como se classificam as palavras entre aspas?

_____
_____
_____

b) Se a estátua fosse de Horácio e mais um dinossauro, como ficaria o nome dessa obra?

_____
_____

c) Que mudanças foram feitas? Explique-as.

_____
_____

d) Imagine, agora, que a estátua se referisse a Lucinda, uma das amigas de Horácio. Como seria o nome da obra?

_____
_____

e) Que mudanças foram feitas? Explique.

_____
_____

2 A frase a seguir explica a razão das alterações feitas na atividade anterior. Complete-a com os termos que faltam.

Os _____ e os _____ foram adequados para concordar com os substantivos.

3 Reescreva as frases substituindo as palavras destacadas por uma das que estão entre parênteses.

(maravilhoso, maravilhosa)

a) Pois sabe que você daria um modelo **perfeito**?

_____

_____

(completo, completa)

b) Bem... Está meio difícil de sair um corpo **inteiro**!

_____

_____

4 Como você escolheu as palavras para substituir as que estavam em destaque?

_____

_____

5 Releia o último quadrinho do **Texto 1**.

a) Horácio deu um título à obra de arte do amigo. Qual foi ele?

_____

b) Se o título da obra fosse "Pedra do Horácio", como ficariam os adjetivos ditos pelo dinossauro azul?

_____

_____

> Adjetivos e artigos foram ajustados para **concordar** com os substantivos a que se referem. Eles foram flexionados em gênero e número de acordo com os substantivos. Pronomes e numerais também são ajustados para concordar com os substantivos dos quais dependem. A isso se dá o nome de **concordância nominal**.

Texto 2 — Poema narrativo

1. Você já se desentendeu com um amigo? Como foi? Alguém pediu desculpas? Quem?

2. O texto a seguir foi escrito por Pedro Bandeira. Pelo título, sobre o que você imagina que ele seja?

Meu amigão!

Eu briguei com o meu amigo.
Com ele nem quero falar.
Ele que brinque sozinho,
quem mandou me provocar?

Mas se ele brincar sozinho,
sozinho eu também vou brincar.
E se ele ficar sem amigo,
sem amigo eu também vou ficar...

Pra quem eu vou mostrar
o desenho que eu pintei?
Com quem vou dividir
esses sonhos que eu sonhei?

A amizade tem suas fases,
cada uma com sua emoção.
Eu vou ter de fazer as pazes,
eu vou ter de pedir perdão.

Eu vou procurar por ele,
sem amigo eu não posso passar.
Vou dizer que a culpa é minha,
meu amigo eu vou abraçar.

Não dá pra viver sem amigos
do lado de tudo o que eu faço.
Por mais que eu procure abraçar,
o amigo é maior que o abraço!

Pedro Bandeira. *Mais respeito, eu sou criança!*
Ilustrações de Odilon Moraes. São Paulo: Moderna, 2009.
(Série Risos e Rimas). p. 51.

Estudo do texto

1 Como está organizado o texto?

_____
_____

2 Com base em sua resposta à atividade anterior, pode-se afirmar que o texto "Meu amigão!" é um:

☐ relato.   ☐ poema.   ☐ conto popular.

3 Quantos versos há no poema? E quantas estrofes?

_____

4 Escreva os pares de palavras que rimam no poema "Meu amigão!".

_____
_____
_____

5 Assinale um **X** na afirmação correta sobre o poema.

☐ O poema narra a história de uma briga entre dois amigos.

☐ O poema apresenta informações sobre a amizade.

6 Quem narra a história do poema?

_____
_____

7 Sublinhe um trecho do poema que comprove sua resposta.

8 A narrativa do poema, portanto, foi escrita na:

☐ 2ª pessoa.   ☐ 1ª pessoa.

9 Qual é o acontecimento principal de que trata o poema?

_____

_____

10 É possível saber como foi resolvida a desavença? Justifique sua resposta.

_____

_____

> Em geral, os **poemas narrativos** têm os mesmos elementos de outras narrativas. No poema "Meu amigão!", há personagens, uma sequência de acontecimentos, uma situação inicial e um desfecho.

11 Releia os versos a seguir para responder às perguntas.

A amizade tem suas fases,
cada uma com sua emoção.

a) A que fases o trecho se refere?

_____

_____

b) Que emoções podem estar envolvidas nas fases mencionadas na resposta anterior?

_____

_____

12 Preencha as lacunas com as palavras **poema**, **narrativo** e **narra**.

O texto "Meu amigão!" é um poema _____, pois _____ uma história em um texto organizado em versos e estrofes, isto é, um _____.

13 Em sua opinião, o personagem que narra o poema agiu bem ao pedir desculpa ao amigo? Por quê?

Um pouco mais sobre

Poemas

Leia o poema a seguir para responder às questões de 1 a 3.

Xícara

Na tarde fria de julho
voa o cheiro, o barulho
do café descendo quente
pelo bule reluzente...
E me pergunto já em prosa:
— Existe coisa mais gostosa?

Fábio Sexugi. Xícara, 2009.

Glossário

Reluzente: brilhante.

Fábio Sexugi. *Germina: revista de literatura e arte*, v. 14, n. 2, set. 2018. Disponível em: <www.germinaliteratura.com.br/2009/fabio_sexugi.htm>. Acesso em: 11 fev. 2019.

1 Nesse poema, as frases formam uma figura. Que figura é essa?

_____

2 Com a orientação do professor, leia em voz alta as frases do poema. Qual é a relação entre o assunto do poema e o formato dele?

_____
_____

3 Como foi formada a asa da xícara?

_____
_____

Leia este outro poema e observe a disposição das letras e das palavras. Depois faça o que se pede.

Fluvial/pluvial

```
                        p
                      p l
                    p l u
                  p l u v
                p l u v i
              p l u v i a
            f l u v i a l
          f l u v i a l
        f l u v i a l
      f l u v i a l
    f l u v i a l
  f l u v i a l
f l u v i a l
```

PLUVIAL (1959). Augusto de Campos. In: VIVA VAIA. Poesia 1949-1979. São Paulo: Ateliê Editorial. 2001.

Augusto de Campos. *Folha de S.Paulo*, 8 maio 2016. Disponível em: <www1.folha.uol.com.br/ilustrada/2016/05/1768702-retrospectiva-disseca-evolucao-visual-do-concretismo-de-augusto-de-campos.shtml>. Acesso em: 16 fev. 2019.

4 Converse com os colegas e o professor sobre estas questões.

a) O que significam as palavras **fluvial** e **pluvial**? Se preciso, consulte o dicionário.

b) Há semelhança de sons entre essas palavras? Explique.

c) Como você leu esse poema? Da esquerda para a direita? Da direita para a esquerda? De cima para baixo ou de baixo para cima?

d) A palavra **fluvial** está escrita na horizontal (embaixo, à esquerda) e a palavra **pluvial**, na vertical (à direita). Como pode ser interpretado esse jeito de organizar as palavras no espaço do papel?

> Em poemas como "Xícara" e "Fluvial/pluvial", as palavras e frases ocupam o espaço do papel de maneira diferente da tradicional, formando imagens que contribuem para construir sentidos. Esses poemas são chamados de **concretos**. Os poemas concretos exploram o som das palavras e, em geral, podem ser lidos de muitas formas, ao contrário dos poemas tradicionais, que são lidos da esquerda para a direita e de cima para baixo.

Acentuação das palavras

1 Leia a tirinha que faz parte da série Recruta Zero. Antes, leia algumas informações sobre os personagens.

> O personagem à esquerda nos quadrinhos é o Sargento Tainha, quem está servindo a refeição é o Cuca, e quem diz a última fala da tirinha é o Recruta Zero.

a) Por que o Sargento Tainha reclamou?
b) No último quadrinho, que pergunta Cuca fez ao Sargento Tainha?
c) Ainda no último quadrinho, o que a expressão facial de Cuca revela?
d) Releia a fala do Recruta Zero. Por que ele faz essa afirmação?
e) Escreva todas as palavras acentuadas da tirinha.

_____
_____
_____

f) Agora agrupe as palavras que você escreveu na atividade anterior.

Palavras com acento agudo (´)	
Palavras com acento circunflexo (^)	

133

2 Pesquise, em jornais e revistas, cinco palavras com acento agudo e cinco palavras com acento circunflexo. Recorte-as e cole-as a seguir.

3 Em que vogais ocorre o acento agudo? E o acento circunflexo?

_____

_____

4 Escreva suas conclusões sobre o emprego do acento agudo e do circunflexo.

_____

_____

_____

5 Pronuncie em voz alta as palavras que você encontrou.
   a) Circule a sílaba tônica de cada uma delas.
   b) Nessas palavras os acentos gráficos também:

   ☐ marcam a sílaba tônica.

   ☐ não têm mais função nenhuma.

Aí vem história

Na página 252, você conhecerá a história de Benjamin, um menino que sofre com um problema respiratório e conta com a ajuda do Dr. Caraluna.

Produção de texto

HQ

Com um colega, você deverá criar uma história em quadrinhos que fale sobre solidariedade. Ela integrará uma revista que será lida por colegas de outras turmas. Para organizar melhor sua produção, siga as orientações abaixo.

Planejamento

1. Pense em uma história cujo tema seja solidariedade (pode ser em casa, na escola, entre familiares, amigos, desconhecidos etc.).
2. Sua HQ deverá ter seis quadrinhos.
3. Depois que imaginar o enredo, escreva, no caderno, um rascunho para servir de roteiro.
4. Pense em como serão os personagens, o cenário e a sequência em que a história será contada.
5. Planeje também que cena será desenhada em cada quadrinho.
6. Em uma folha à parte, faça um rascunho dos desenhos dos personagens e dos cenários.

Produção

1. Depois que os rascunhos estiverem prontos, é hora de desenhar e escrever nos quadrinhos tudo o que você planejou.
2. Não se esqueça de fazer balões (de fala, de pensamento etc.) e, se possível, usar onomatopeias.

Revisão e finalização

Antes de colorir a HQ, verifique se:
- há título;
- há a quantidade de quadrinhos pedida;
- os balões estão adequados;
- é seguida uma ordem para contar a história;
- as palavras estão escritas corretamente.

Eduardo Belmiro

Erik Malagrino

Eduardo Belmiro

Socialização

O professor organizará uma revista com as HQs para que outras turmas vejam sua produção e a dos colegas.

Revendo o que aprendi

1. Na página 303, há uma HQ do cartunista Ivan Zigg. Para ler essa história, você tem de recortar, montar e colar as partes da HQ no espaço a seguir.

a) Circule o título da história na HQ.

b) Por que você acha que a HQ recebeu esse título?
_____
_____

c) O que é narrado nessa HQ? Escreva com suas palavras.
_____
_____

d) O sapo atingiu o objetivo dele? Justifique.
_____
_____

e) No segundo quadrinho, o que o dinossauro, chamado Rex, está fazendo? Como você sabe?
_____
_____

f) Observe o sapo no terceiro e no quarto quadrinhos. O que as expressões dele revelam?
_____
_____
_____

g) Relacione as onomatopeias da HQ ao que elas indicam.

1 Argh!   **2** Stufa!   **3** Mmmpfff!   **4** Spou!   **5** Croac!

☐ Indica que um dos sapos coaxou.

☐ Indica que o sapo está puxando o ar para estufar o corpo.

☐ Indica que o ar está entrando no sapo, enchendo-o.

☐ Indica um suspiro em tom de reclamação.

☐ Indica que o sapo "explodiu" de tão cheio que ficou.

137

h) Qual é o sentido da penúltima fala da HQ? A que ela faz referência?

_____

_____

2 Releia a HQ e faça o que se pede.

a) Copie as palavras que têm acento gráfico.

_____

_____

b) Escreva as palavras que têm acento agudo.

_____

c) Escreva a palavra que tem acento circunflexo.

_____

3 Agora releia o segundo quadrinho e observe os termos destacados no balão de fala.

a) Há concordância nominal entre as palavras? Por quê?

_____

_____

_____

b) Entre quais palavras ocorre concordância? Assinale a alternativa correta.

☐ Entre verbo, adjetivo e substantivo.

☐ Entre artigo, adjetivo e substantivo.

☐ Entre pronome, substantivo e adjetivo.

c) Reescreva a frase que está no balão substituindo as palavras destacadas por outras no feminino singular.

_____

_____

Para ir mais longe

Livros

▸ **O patinho feio**, de Flavio de Souza. Ilustração de Maria Eugênia. São Paulo: FTD, 2010.

Flavio de Souza reconta o conto clássico do dinamarquês Hans Christian Andersen. Nessa história, um patinho nasce muito diferente de seus irmãos. Todos o achavam feio por ser esquisito e desengonçado. Cansado da situação, o patinho foge e passa por vários apuros. Até que um dia descobre sua verdadeira origem.

▸ **Breve história de um pequeno amor**, de Marina Colasanti. São Paulo: FTD, 2013.

A autora convida o leitor a acompanhar uma escritora, narradora da história, em suas dificuldades para criar um filhotinho de pombo. Ao longo da narrativa, o leitor percebe os problemas e as alegrias da criação de seres tão frágeis e pequeninos.

▸ **Uma aventura no mar**, de Samuel Murgel Branco. São Paulo: Editora Moderna, 2011. Série HQ na Escola.

Os personagens Rique e Carol embarcam em uma aventura no fundo do mar e descobrem uma enorme diversidade de seres vivos que habitam o oceano. Essa história em quadrinhos nos auxilia a refletir sobre a vida nos oceanos e como explorar seus recursos de forma racional e sustentável, preservando-o para as futuras gerações.

Filme

▸ **O bom dinossauro**. Direção de Peter Sohn. Estados Unidos: Disney Pixar, 2016, 94 minutos.

Os dinossauros foram extintos após a colisão de um asteroide gigantesco com o planeta Terra. E como seria a relação entre dinossauros e humanos se isso não tivesse acontecido? O filme mostra como seria nosso planeta se fosse controlado pelos dinossauros até hoje e conta a história de amizade entre Arlo, um dinossauro adolescente, e um menino.

- O que você acha que as pessoas estão fazendo?
- Você já viu alguma situação parecida com a das imagens? Onde?
- Se você fosse participar de uma atividade assim, com quem gostaria de conversar? O que perguntaria?

Brincar de falar!

Você e o professor organizarão a sala de aula de uma forma diferente. Siga as orientações dele.

Depois que todos estiverem sentados, um integrante do grupo fará algumas perguntas aos demais.

Um participante por vez responde. Se não conseguir, pode dizer: "Passo". Enquanto um colega responde, os outros não devem fazer comentários.

Veja a seguir algumas sugestões de pergunta, mas você e os colegas podem criar as próprias questões.

- Qual foi o último livro que você leu?
- Qual é seu programa de TV preferido?
- O que você mais gosta de fazer nos fins de semana?
- Que episódio de sua vida fez você rir bastante?
- Qual é a viagem de seus sonhos?
- Qual é seu maior sonho?

1. Como foi realizar a atividade com os colegas?

2. Qual foi a resposta de que você mais gostou?

3. No texto a seguir, você conhecerá a iniciativa de uma menina que mora no sertão da Bahia. Ao ler o título da notícia, como você imagina que essa ideia foi desenvolvida?

Texto 1 — Notícia

www.metropoles.com/brasil/menina-de-apenas-12-anos-cria-biblioteca-no-sertao-da-bahia

Menina de apenas 12 anos cria biblioteca no sertão da Bahia

Para arrecadar o acervo do Amigos da Leitura, Maria Clara iniciou campanha no WhatsApp. Atualmente, no local, as pessoas podem encontrar livros didáticos e até clássicos da literatura brasileira

DA REDAÇÃO 08/05/2016 12:38

Raimundo Mascarenhas/Calila Notícias

Uma menina de apenas 12 anos fundou uma biblioteca na cidade Conceição do Coité, no sertão da Bahia. Motivada pelo desejo de desenvolver o hábito de leitura em seu povoado, Maria Clara transformou um antigo posto telefônico em um espaço de leitura.

Para arrecadar o acervo do Amigos da Leitura, ela iniciou uma campanha no WhatsApp. Atualmente, no local, as pessoas podem encontrar livros didáticos e até clássicos da literatura brasileira.

A jovem menina também contou com a ajuda do avô, Guiofredo Pereira, presidente da associação de moradores do povoado, e da diretora da escola onde estuda, Simone Nascimento, para fazer do seu *hobby* um meio de mudar a realidade de Conceição do Coité.

Metrópoles, 8 maio 2016. Disponível em: <www.metropoles.com/brasil/menina-de-apenas-12-anos-cria-biblioteca-no-sertao-da-bahia>. Acesso em: 2 jun. 2017.

Glossário

Hobby: passatempo, atividade de lazer.

Estudo do texto

1 Quanto ao título do texto, assinale as frases corretas.

☐ O título quase não aparece.

☐ O título é apresentado de forma destacada.

☐ O título é direto e objetivo.

☐ O título desvia a atenção e nada acrescenta ao texto.

☐ O título antecipa as informações que serão tratadas no texto.

> Em uma notícia, o **título** tem a função de antecipar para o leitor o tema a ser desenvolvido no texto.

2 Abaixo do título, há um texto escrito com letras diferentes e sem ponto final. Marque a alternativa correta sobre ele.

☐ Essa parte da notícia não tem utilidade, pois não acrescenta informações ao título.

☐ Essa parte acrescenta detalhes ao que foi antecipado no título e destaca o fato principal da notícia.

☐ Essa parte serve para o leitor decidir se lê o título ou essas linhas, pois elas repetem o que já foi dito.

> Em uma notícia, abaixo do título costuma haver um texto curto, escrito com letras diferentes, que fornece mais detalhes do fato tratado por ela. Essa parte é chamada de **linha fina**.

3 Releia a notícia. Em seguida, identifique e escreva as informações solicitadas.

a) De quem foi a ideia relatada no texto?

_____

b) O que foi feito?

_____

c) Quando o fato foi noticiado?

_____

d) Onde o projeto foi executado?

_____

_____

e) Como a ideia foi colocada em prática?

_____

_____

f) Por que a pessoa teve essa ideia?

_____

_____

> Há uma parte da notícia que apresenta as informações básicas (responde às perguntas: Quem? O quê? Quando? Onde? Como? Por quê?) do que será desenvolvido depois. Em geral, encontramos essas informações no primeiro parágrafo de uma notícia. Essa parte é chamada **lide**.

4 Releia a frase a seguir.

Uma menina de **apenas** 12 anos **fundou** uma biblioteca na cidade de Conceição do Coité, no sertão da Bahia.

a) A primeira palavra destacada transmite a ideia de que a pessoa em questão é:

☐ alguém com pouca idade.   ☐ alguém sem experiência.

b) Escolha a opção para substituir a segunda palavra destacada.

☐ andou   ☐ criou   ☐ terminou

5 No segundo parágrafo há a afirmação de que a menina fez uma campanha de arrecadação de livros por meio de um aplicativo para celular. Ela conseguiu o que queria? Justifique sua resposta com uma citação do texto.

_____

_____

_____

Entrevista

Há diferentes textos jornalísticos: notícias, entrevistas, reportagens, entre outros.

O texto que você lerá é uma entrevista feita com uma menina de 11 anos. Ela escreveu uma coluna para um jornal brasileiro.

www1.folha.uol.com.br/folhinha/2015/12/1720478-nova-colunista-de-11-anos-da-folhinha-ainda-usa-maquina-de-escrever.shtml

Aos 11 anos, nova colunista da 'Folhinha' usa máquina de escrever

Júlia Barbon, de São Paulo. 18/12/2015 03h00

Isadora Zilveti tem 11 anos, mas ainda usa uma máquina de escrever para colocar suas histórias no papel. "É mais para passar a limpo", diz.

Quando está fora de casa e tem uma ideia, ela registra rapidamente no caderno. "Está sempre à mão. Quando aparece aquela luzinha de ideia, a gente precisa escrever logo, senão perde."

A menina estreia como colunista da "Folhinha" neste sábado (19), com textos de ficção e outros baseados em histórias que ouviu de seus avós [...].

Em entrevista à Folha, ela conta que sua inspiração para escrever vem dos acontecimentos despercebidos do cotidiano. Também diz que, quando crescer, pretende se tornar política ou atriz.

[...]

Leia abaixo entrevista com a garota.

Folhinha – De onde tirou a inspiração para os textos?

Isadora Zilveti – Já que são quatro textos, pensei em fazer duas histórias reais, inspiradas nos meus avós, e duas inventadas, que saíram da minha cabeça. Quando eu passeio com a minha família, presto atenção nas coisas e vou inventando histórias.

Olho as coisas anormais do cotidiano, que as pessoas normalmente não percebem. Se você escreve em forma de história, elas prestam mais atenção do que na vida real, porque aí não é mais uma coisa banal do dia a dia, é uma coisa lúdica.

Pode dar um exemplo?

No meu prédio tinha uma mulher que chamava Monique. Um dia fomos comprar pão na padaria e vimos que, no asfalto da rua, estava escrito "Monique, eu te amo". Aí escrevi uma história sobre isso. Mas ainda estou escrevendo, porque as ideias estão fluindo na cabeça. Eu escrevo um pouco, paro, penso, vejo algumas coisas, volto e escrevo mais.

Você disse que se inspirou nos seus avós para escrever. Eles costumam contar histórias?

A gente conversa nas reuniões de família e, durante essas conversas, saem essas histórias. Conversar é uma forma de matar a saudade.

Como você se sente quando ouve as histórias?

Eu começo a prestar muita atenção e depois eu escrevo na máquina de escrever ou no computador.

Você tem máquina de escrever?

Sim, ganhei do meu avô. Eu acho que na máquina é mais difícil de usar quando você precisa pensar e escrever. É mais um objeto para passar histórias a limpo. Para criar, eu prefiro usar o computador. Já o caderno é mais para a rua, quando você não quer esquecer uma história. Está sempre à mão, porque não dá pra levar a máquina de escrever de ferro em todos os lugares, né? Ou o *laptop*...

Qual é o seu maior sonho?

Eu queria me tornar alguma coisa que ajudasse as pessoas. Meu pai é advogado, minha família é muito ligada nesses lances de política, então eu queria ajudar. Quando você é criança, você não pode ajudar muito nessas coisas de adulto. Quero ser política.

[...]

Acha que toda criança pode escrever um bom texto?

Sim, por mais que alguns tenham erros ortográficos. O país é livre, então a escrita também deve ser. Se uma pessoa tiver boas ideias, ela pode escrever.

O que recomenda para quem quer escrever para a "Folhinha" como você?

Simplesmente preste atenção nas coisas estranhas que para você já viraram rotina, porque o essencial é invisível aos olhos.

Isso é de um livro, não é?

Sim, do "Pequeno Príncipe". Sempre quis ler, mas só consegui neste ano, porque era obrigatório na escola.

Júlia Barbon. *Folha de S.Paulo*, 18 dez. 2015. Disponível em: <www1.folha.uol.com.br/folhinha/2015/12/1720478-nova-colunista-de-11-anos-da-folhinha-ainda-usa-maquina-de-escrever.shtml>. Acesso em: 2 jun. 2017.

1. Isadora afirma que sonha em trabalhar com algo que ajude as pessoas. E você, qual é seu sonho relacionado a uma futura profissão?

2. Para escrever, Isadora se inspira nos passeios com a família e no cotidiano. E sua inspiração para escrever, de onde vem?

Acentuação gráfica de palavras oxítonas e paroxítonas – Parte 1

1 Leia as palavras a seguir, retiradas da entrevista que você leu anteriormente.

> avós   avôs   insuportável   país

a) Circule somente as palavras oxítonas.

b) A palavra que você não circulou é:

☐ oxítona.   ☐ paroxítona.

c) Marque a afirmação correta sobre as palavras do quadro.

☐ Todas as palavras são paroxítonas.

☐ Todas as palavras devem ser acentuadas.

☐ Não há palavra oxítona nesse grupo.

2 Acentue somente as palavras paroxítonas.

> cafe   reporter   guarana   abdomen   chines   albuns
> torax   polen   biceps   virus   açucar   Venus

a) Complete o quadro com as palavras que você acentuou na atividade anterior.

Palavras terminadas em			
r		x	
us		uns	
n		ps	

b) As palavras **história**, **água** e **ânsia** terminam em:

☐ ditongo.   ☐ tritongo.   ☐ hiato.

c) Complete a frase:

> Acentuam-se as paroxítonas terminadas em _____, _____, _____, _____, _____, _____ e _____.

3 Agora, escreva corretamente as palavras oxítonas que estão no quadro da atividade 2 colocando os acentos gráficos.

_____

_____

4 Releia o trecho retirado do **Texto 1**.

> A jovem menina também contou com a ajuda do avô [...], presidente da associação de moradores do povoado [...].

a) Nesse trecho há seis palavras paroxítonas que **não** são acentuadas graficamente. Sublinhe quatro delas e circule a sílaba tônica.

b) Copie as palavras que receberam acento gráfico.

_____

c) Quais os nomes dos acentos gráficos que ocorrem nessas palavras?

_____

d) Em que sílaba estão os acentos gráficos? _____

e) Então, as palavras que receberam acento gráfico são classificadas como:

☐ paroxítonas.   ☐ oxítonas.   ☐ proparoxítonas.

f) Como terminam as palavras acentuadas graficamente nesse texto?

_____

g) Complete a frase.

> Acentuam-se as oxítonas que terminam em _____, _____, _____ e _____.

Texto 2 — Reportagem

1. Se você fosse criar uma biblioteca, onde faria isso? Como?

2. O tema da reportagem a seguir é semelhante ao da notícia lida no **Texto 1**. Quais são as diferenças entre os textos?

A maior biblioteca do mundo

Pense em uma grande biblioteca. Melhor: pense no maior centro cultural da humanidade. Este lugar existiu de verdade. Seu nome? Biblioteca de Alexandria.

Era uma construção gigantesca, localizada no Egito. Seu acervo continha o maior volume de registros do conhecimento de uma das civilizações mais importantes do mundo, a grega. Quer conhecer essa maravilha de lugar? Então, embarque agora! Próxima parada: Antiguidade!

A Biblioteca de Alexandria foi uma das Sete Maravilhas do Mundo e, por séculos, a maior referência cultural da humanidade. Nunca, em toda a História, havia sido reunido em um só lugar tanto conhecimento. [...] Mas, afinal, como era a tal biblioteca? E Alexandria era uma cidade grega que ficava no Egito? Como assim?

Essa história, que parece confusa, começou com as conquistas do general grego Alexandre (na verdade, ele era baixinho, mas ficou conhecido como "o Grande" por seus feitos militares. Não conte a ninguém!). O fato é que Alexandre, o Grande, podia tudo, até fundar no Egito, no ano 332 antes da nossa Era, uma cidade grega. O nome Alexandria foi dado em homenagem adivinhe a quem?!

Rápido como um trovão, Alexandria se tornou a principal cidade do Mediterrâneo Oriental. O lugar tinha um belo porto seguro e ligava África, Ásia e Europa por meio do Mar Mediterrâneo e do Oceano

Índico. Era, também, o ponto perfeito para exploração das riquezas da Índia e da China.

Assim como Alexandre, todos os governantes da cidade eram gregos. Esses homens poderosos se tornaram grandes defensores da cultura e fundaram o maior espaço de reunião de conhecimento: a Biblioteca de Alexandria!

Livros? Quem disse?

Na verdade, a Biblioteca de Alexandria não era do jeito como conhecemos as bibliotecas de hoje. Não era um lugar para se guardar livros porque, naquela época, o conhecimento era registrado em rolos e a consulta a esses rolos – xiii... – não era fácil! Imagine como era trabalhoso ir e vir na leitura para recapitular informações?!

A Biblioteca de Alexandria tinha, sim, o seu acervo, mas estava mais para um centro cultural. Os maiores intelectuais da época iam para lá trocar ideias, além de artistas e todos os interessados nas novidades.

Essa função de centro cultural permaneceu como destaque, mas, em paralelo, o acervo da instituição também crescia, assim como a fama e o sucesso do lugar.

Por cerca de 200 anos, a Biblioteca de Alexandria foi a maior referência de cultura do mundo. Lá estavam as obras dos matemáticos gregos – os mesmos que deram origem à disciplina que estudamos até hoje – com seus teoremas e cálculos. [...]

Havia de tudo na maior biblioteca do mundo, onde grandes filósofos gregos, poetas, historiadores, entre outros estudiosos, matavam a curiosidade de todos que a visitavam. As crianças – que pena! – não tinham acesso direto à biblioteca, mas ficavam sabendo das novidades da ciência e das artes por seus professores. Elas deviam esperar ansiosas pela adolescência, quando passavam a poder frequentar o lugar.

O fim?

Pela Biblioteca de Alexandria passaram gerações e gerações, apesar de o local ter sido destruído algumas vezes por inúmeras guerras, especialmente as que se davam entre as civilizações grega e romana pela disputa de poder. Quer um exemplo? O famoso imperador romano Júlio César, mesmo sem querer, foi um dos que colocaram a biblioteca abaixo. Mas ele reconheceu o erro e a importância do lugar para a humanidade e reconstruiu a biblioteca.

Durante o domínio romano, a biblioteca continuou sendo o maior centro cultural do mundo, até a ascensão do cristianismo e do islamismo. Os adeptos dessas duas religiões, que na época brigavam pelo território de Alexandria, tinham dificuldades em aceitar as ideias modernas de obras ali armazenadas e o clima de liberdade de discussão e pensamento que, por tantos séculos, caracterizou a Biblioteca. Com isso, seu conteúdo foi, aos poucos, eliminado, até desaparecer na Idade Média. Mas sua riqueza cultural foi preservada na memória dos historiadores, que relatavam o ocorrido, falavam da importância do lugar e o quanto de conhecimento ele proporcionou.

[...]

A nova Biblioteca de Alexandria

Sabia que uma nova Biblioteca de Alexandria foi construída no mesmo lugar da antiga? É verdade! A ideia foi de arquitetos noruegueses, que começaram a pensar na construção em 1974. Mas somente em 2002 ela estava pronta para ser aberta ao público. [...] Assim como a antiga, a nova biblioteca abriga um volume de conhecimento incomensurável! Há milhões de livros e mais de 200 salas para estudos. [...]

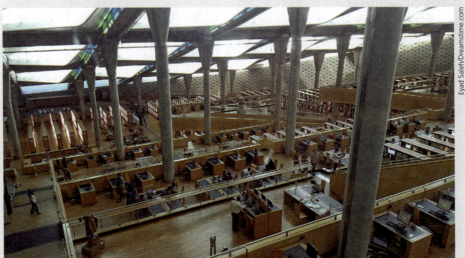

A nova Biblioteca de Alexandria, por fora e por dentro, em fotografias de 2014.

Raquel dos Santos Funari
Colégio Santo Américo e Departamento de História, Universidade Estadual de Campinas

Raquel dos Santos Funari. A maior biblioteca do mundo. *Ciência Hoje das Crianças*, Rio de Janeiro, ano 25, n. 234, p. 2-5, maio 2012.

Estudo do texto

1 Releia o trecho a seguir.

Havia de tudo na maior biblioteca do mundo, onde grandes filósofos gregos, poetas, historiadores, entre outros estudiosos, **matavam a curiosidade** de todos que a visitavam.

a) A Biblioteca de Alexandria era como as bibliotecas atuais? Quem a frequentava?

_____
_____
_____

b) Qual é o sentido da expressão destacada?

_____
_____

2 Quando a nova Biblioteca de Alexandria foi idealizada e inaugurada? Há diferenças entre ela e a biblioteca antiga?

_____
_____
_____

3 Qual é a semelhança entre a biblioteca do **Texto 1** e a Biblioteca de Alexandria, tanto a antiga como a nova?

_____
_____

4 Sublinhe o nome da autora da reportagem e circule as instituições às quais ela é ligada.

> As reportagens costumam citar o nome de quem as escreveu. Além disso, podem trazer dados sobre o autor, como a instituição em que se formou ou onde atua profissionalmente, entre outros.

153

5 Leia as expressões retiradas da reportagem:

> [...] Como assim? [...] xiii [...] Quer um exemplo?
> Rápido como um trovão [...]. [...] que pena! [...] Sabia [...]?

- Que efeito causa o uso dessas expressões?

  ☐ Aproximação da autora com o leitor.

  ☐ Distanciamento da autora com o leitor.

  ☐ Não causa nenhum efeito especial.

6 Qual é a função das fotografias e legendas na reportagem?

_____

_____

> Nas reportagens, é comum haver **fotografias**, desenhos e gráficos, entre outros recursos visuais. A maioria deles vem acompanhada de uma **legenda**, que explica a imagem ou complementa o texto.

7 Nessa reportagem há três intertítulos: "Livros? Quem disse?", "O fim?" e "A nova Biblioteca de Alexandria". Que informações são dadas nessas partes?

_____

_____

_____

> Os parágrafos em que a reportagem é desenvolvida são chamados de **corpo do texto**. Nele, o autor descreve os detalhes e explica o fato introduzido no título, na linha fina e no lide.

8 Que diferenças há entre a reportagem e a notícia lida no **Texto 1**?

_____

_____

> Para que uma reportagem seja elaborada, são necessárias muitas informações; há várias formas de obtê-las: entrevistas com especialistas no assunto, pesquisas em *sites* e livros, entre outras fontes de pesquisa.

Estudo da língua

Flexões do verbo – Parte 1

1 Observe as palavras destacadas no trecho a seguir, retirado do **Texto 2**.

Esses homens poderosos se **tornaram** grandes defensores da cultura e **fundaram** o maior espaço de reunião de conhecimento: a Biblioteca de Alexandria!

a) Quais delas também podem ser escritas no feminino?

_____

b) Leia as palavras do quadro com atenção.

> Eu   Ele   Ela   Você

◆ Agora, complete as frases com uma ou mais dessas palavras.

_____ tive.   _____ contou.

2 Releia o trecho da atividade anterior.

a) Reescreva-o imaginando que a situação ainda não aconteceu, que ela irá acontecer.

_____

_____

_____

b) Que mudanças foram feitas?

_____

c) Uma das funções das palavras que você modificou é:

☐ indicar o tempo em que a situação acontece.

☐ atribuir características aos sujeitos da ação.

> Os **tempos verbais** evidenciam quando ocorreu (**passado**), ocorre (**presente**) ou ocorrerá (**futuro**) uma ação.

3 Leia a tirinha a seguir:

Fernando Gonsales.

a) Por que o cachorro fugiu de casa? _____
_____

b) No primeiro quadrinho, o adulto afirma: "**Meu filho** até ficou doente depois que o Totó fugiu!". Qual das palavras abaixo pode ser escolhida para substituir as destacadas?

☐ Eu. ☐ Tu. ☐ Ele.

c) Complete a frase a seguir com outras palavras no lugar de "o menino". Faça as alterações necessárias.

O menino já estava doente antes!

_____

d) Se houvesse mais de um cachorro, como ficaria a fala do terceiro quadrinho? Reescreva-a fazendo as mudanças necessárias.

_____
_____

4 Complete as frases com os verbos do quadro.

> pinta   ganhou   viajarão   encomendo   irei   encontraram

a) Amanhã eu _____ ao cinema.

b) Meus tios _____ a minha prima.

c) Eu _____ o bolo para a festa.

5 Escreva no quadro os verbos da atividade anterior observando o tempo que eles indicam.

Presente	Passado	Futuro

6 Observe as imagens e elabore uma frase para cada uma delas. Use tempos verbais diferentes em cada frase.

Aí vem história

No final da entrevista, Isadora menciona um livro: *O pequeno príncipe*, do escritor francês Antoine de Saint-Exupéry. A obra é uma das mais traduzidas no mundo e conta a história de um príncipe que vive sozinho num asteroide. Você lerá um trecho deste clássico na página 254.

A evolução da comunicação

Até alguns anos atrás, quando as pessoas queriam se informar, elas tinham de assistir a noticiários na televisão, ouvir notícias no rádio ou ler um jornal impresso.

▶ A fotografia mostra pessoas assistindo a um pronunciamento do então presidente do Brasil, Fernando Henrique Cardoso, em uma loja de São Paulo, SP, 1998.

Contudo, essa realidade se transformou muito com a internet. Desde o final da década de 1990, podemos acompanhar notícias e entrevistas a qualquer hora. Depois, com os *smartphones* e *tablets*, ficou ainda mais fácil se informar.

▶ Homem usa *smartphone* no Parque Ibirapuera, em São Paulo, SP, 2017.

Você lerá, agora, uma entrevista publicada em um *site*.

1. Digite o endereço a seguir na barra do navegador e leia a entrevista.

http://chc.org.br/arqueologa-desde-menina/

2. Depois de ler toda a entrevista, responda às perguntas a seguir.

a) O *site* que publicou a entrevista foi feito para crianças ou para adultos? Como você percebeu isso?

___

b) Há uma diferença entre as letras das perguntas e das respostas. Por quê?

___

c) Antes de começarem as perguntas, há um pequeno texto. Qual é a função dele?

___

d) Após a entrevista, há um espaço para comentários dos leitores. Você acha essa seção importante? Por quê?

___

e) No final do *site*, depois dos comentários, há uma seção chamada "Conteúdo relacionado". Para que serve essa seção? É possível haver uma seção como essa em uma entrevista publicada em um meio impresso?

___

Produção de texto

Entrevista e notícia

Nesta seção, você vai transformar em notícia um fato acontecido recentemente na escola. A notícia será veiculada no jornal da escola, então ela deve ser interessante para os leitores dessa publicação.

Você já sabe que as notícias devem informar o que aconteceu, com quem, quando, onde, como e por quê. Para obter essas informações sobre o fato que vai ser noticiado, você entrevistará uma ou mais pessoas que tenham participado do acontecimento e fará outras pesquisas necessárias.

Planejamento e entrevista

1. Para começar, forme um grupo com alguns colegas.
2. Com a ajuda do professor, escolham um fato interessante e importante que tenha ocorrido na escola recentemente.
3. Definam quem vocês vão entrevistar para obter informações sobre o acontecimento. Vocês podem selecionar uma ou mais pessoas que tenham participado do ocorrido ou tenham algum envolvimento com ele.

Roteiro da entrevista

- Com a orientação do professor, entrem em contato com a(s) pessoa(s) escolhida(s) e perguntem a ela(s) se pode(m) colaborar com a atividade respondendo a algumas perguntas. Se ela(s) aceitar(em), marquem a data e o horário da entrevista, que deve ser realizada na escola.
- Preparem um roteiro com as perguntas. Lembrem-se do objetivo de vocês: conseguir informações sobre um fato para escrever a notícia.
- Evitem perguntas que gerem como resposta apenas "sim" ou "não"; desenvolvam a conversa de forma que o(s) entrevistado(s) dê(deem) informações interessantes.
- Durante a entrevista, falem devagar, em tom de voz adequado e pronunciem bem as palavras. Usem uma linguagem cuidada e evitem gírias.
- Gravem a entrevista, com a autorização do(s) entrevistado(s), ou registrem as respostas por escrito. Não deixem de anotar o nome completo de cada entrevistado e dados como profissão e idade.
- Se o(s) entrevistado(s) autorizar(em), tirem fotos dele(s) para inserir na notícia.
- No final, agradeçam a participação do(s) entrevistado(s).

Produção da notícia

1. Releiam as respostas obtidas em cada entrevista. Observem se, com base nelas, vocês podem informar, na notícia, o que aconteceu, com quem, como, quando, onde e por quê.
    - Se preciso, façam mais pesquisas sobre o fato que será noticiado e consigam fotos que complementem ou ilustrem as informações.
2. Reproduzam o esquema a seguir no caderno e preencham-no. Ele servirá de roteiro para a produção da notícia.

Título	
Linha fina	
Lide	O que aconteceu? _____ Com quem? _____ Como? _____ Onde? _____ Quando? _____ Por quê? _____
Detalhes e falas do(s) entrevistado(s)	
Quantidade de fotos e texto das legendas	

3. Agora, transformem o esquema em uma notícia com título, linha fina, lide (primeiro parágrafo), desenvolvimento (mais informações e detalhes do fato) e fotos com legendas. Reproduzam, entre aspas, algumas falas do(s) entrevistado(s).
    - Se possível, usem nessa etapa um programa de edição de textos.

Revisão

1. Releiam o texto pronto e corrijam o que for necessário. Peçam a colegas de outro grupo que também releiam a notícia e observem se:
    - ela tem título, linha fina, lide e desenvolvimento;
    - o título e a linha fina adiantam ao leitor o assunto da notícia;
    - o lide diz o que aconteceu, com quem, quando, como, onde e por quê;
    - há imagens com legenda;
    - o texto está claro e sem erros de ortografia, acentuação e pontuação.
2. Passem o texto a limpo corrigindo o que for necessário.
3. Após a leitura e correção do professor, finalizem o texto e o enviem para publicação no jornal da escola (impresso ou *on-line*).

Jornal falado

Nesta unidade, você analisou uma notícia sobre a menina que criou uma biblioteca e, em grupo, escreveu uma notícia para o jornal da escola. Agora participará da criação coletiva de um jornal falado, semelhante aos jornais da televisão, para transmitir oralmente as notícias criadas pela turma na seção anterior. O jornal pode ser filmado e enviado, em vídeo, à família e aos amigos ou divulgado no *site* (ou *blog*) da escola.

Preparação

1. Com a orientação do professor, assista a vídeos de telejornais para servirem de referência. Observe, por exemplo:
    - o início do telejornal. Veja se há uma pequena música na abertura, se o apresentador – ou **âncora** – cumprimenta os telespectadores e se o cumprimento é mais formal ou mais informal;

    > **Glossário**
    > **Âncora:** jornalista que, nos telejornais, participa da redação das informações e as apresenta.

    - o tom de voz, o modo de falar e a expressão no rosto dos apresentadores do telejornal, dos repórteres e das pessoas que são entrevistadas. Perceba se há diferenças conforme o assunto da notícia;
    - o modo pelo qual o apresentador passa a palavra aos repórteres que não estão no estúdio, para que eles deem mais informações;
    - como os apresentadores se alternam para dar as notícias (quando há mais de um apresentador);
    - o final do telejornal. Notem se a última notícia é mais branda ou mais dramática e como o apresentador se despede dos telespectadores.

    Após conversar com os colegas e o professor sobre as questões do item 1, continuem seguindo as orientações.

2. Escolham os apresentadores. Eles devem ficar em uma bancada e iniciar o telejornal cumprimentando o público, ler a chamada das notícias, passar a palavra a cada repórter e, no final, encerrar o jornal falado.

3. Escolham os repórteres. Eles devem ser selecionados entre os grupos da seção anterior (página 160). Ao ser chamado pelo apresentador, cada repórter deve ler a notícia escrita por seu grupo no tempo estipulado pelo professor.

4. Definam se vocês simularão as entrevistas e, em caso positivo, quem fará o papel das pessoas entrevistadas pelos repórteres.

5. Organizem a bancada para os apresentadores. É preciso haver espaço e apoio para as folhas dos textos que serão lidos.

6. Se o jornal for gravado em vídeo, alguns de vocês devem se responsabilizar pela gravação e providenciar equipamento – pode ser um celular com câmera.

Orientações para os apresentadores e os repórteres

1. Cada grupo da seção anterior deve entregar aos apresentadores uma cópia de sua notícia. Com a ajuda do professor, organizem as **chamadas** e definam a ordem em que cada repórter lerá sua notícia.

2. Nos telejornais da TV, os âncoras leem as notícias em um **teleprompter**. Nesta atividade, elas podem ser lidas em uma folha que estará à frente de cada apresentador. É importante, no entanto, ensaiar a leitura para que fique fluente e o apresentador não precise ficar olhando o papel o tempo todo.

3. Os repórteres também devem ensaiar a leitura das notícias com antecedência.

> **Glossário**
>
> **Chamada:** resumo de notícia apresentado no começo do noticiário.
>
> **Teleprompter:** aparelho colocado junto da câmera de filmagem que exibe o texto a ser lido pelos apresentadores do telejornal.

Apresentação

1. Durante a apresentação do jornal falado, quem estiver assistindo deve se manter em silêncio para não atrapalhar a fala dos colegas e a gravação do vídeo, caso tenham optado por fazê-la.

2. O apresentador deve se concentrar na atividade, falar com calma e clareza e usar um tom de voz audível.

3. Caso tenham filmado o jornal falado, o professor irá divulgá-lo usando um aplicativo de mensagens instantâneas, o *site* ou o *blog* da escola.

Avaliação

1. Depois da apresentação do jornal falado, o professor promoverá uma atividade de conversa para que vocês analisem o desenvolvimento do trabalho. Reflitam sobre as questões a seguir.

   - Os apresentadores e repórteres leram os textos com clareza, em tom audível a todos e com a expressão facial adequada?
   - Os repórteres respeitaram o tempo estipulado para a apresentação das notícias?
   - Quem estava assistindo ao jornal falado ouviu as apresentações em silêncio e com atenção?
   - Nos textos, empregou-se uma linguagem cuidada, sem gírias?

2. Ouça com atenção as impressões dos colegas e compartilhe as suas. Assim, a cada oportunidade, seu trabalho ficará ainda melhor!

Revendo o que aprendi

1 Leia o texto a seguir e responda às perguntas.

 http://g1.globo.com/ceara/noticia/2012/12/campanha-arrecada-livros-para-criar-biblioteca-comunitaria-no-ceara.html

Campanha arrecada livros para criar biblioteca comunitária no Ceará

Iniciativa quer montar uma biblioteca para os alunos e comunidade externa.

Creche funciona em regime de semi-internato e já abriga 100 crianças.

02/12/2012 09h02 - Atualizado em 02/12/2012 09h02

A Associação Comunitária Unir e Lutar, que desenvolve o Projeto Sonho de Criança e mantém a Creche Renascer, no Bairro Castelão, em Fortaleza, lançou uma campanha de arrecadação de livros paradidáticos infantojuvenis. A iniciativa tem como objetivo montar uma biblioteca para os alunos e a comunidade [...].

"Estamos com um projeto para incentivar a leitura tanto como trabalho interno como emprestando livros para crianças da comunidade", afirmou Jaqueline Sousa, presidente da associação.

Jaqueline ainda revela a expectativa de que a divulgação da campanha faça chegar muitos livros não só para os pequenos da creche mas que sirva também de incentivo para crianças e pré-adolescentes da comunidade.

O local conta com uma pequena estrutura, como uma sala, estantes e alguns livros doados. Carlos Henrique Chagas, o "Kaique", que atua na área de captação de recursos da entidade, diz que o acervo é de pouco mais de 80 exemplares.

[...]

Disponível em: <http://g1.globo.com/ceara/noticia/2012/12/campanha-arrecada-livros-para-criar-biblioteca-comunitaria-no-ceara.html>. Acesso em: 29 abr. 2019.

a) O que aconteceu?

___

___

b) Quem é o responsável?

___

c) Como aconteceu?

_____

_____

d) Onde aconteceu?

_____

_____

e) Por que aconteceu?

_____

_____

f) Quando o fato foi noticiado?

_____

2 As informações que você escreveu na atividade anterior podem ser encontradas, de forma resumida, em quais partes do texto?

_____

_____

3 Faça um desenho para acompanhar a notícia. Depois elabore uma legenda para ele.

4 De acordo com o texto, qual é a expectativa de Jaqueline Sousa, uma das responsáveis pela campanha?

_____

_____

5 Releia o trecho a seguir, retirado da notícia.

A Associação Comunitária Unir e Lutar, que **desenvolve** o Projeto Sonho de Criança e **mantém** a Creche Renascer, no Bairro Castelão, em Fortaleza, **lançou** uma campanha de arrecadação de livros paradidáticos infantojuvenis.

a) Circule no texto as duas primeiras palavras acentuadas.

b) Classifique as palavras que você circulou na resposta anterior quanto à posição da sílaba tônica.

_____

c) Por que essas palavras são acentuadas?

_____

_____

_____

6 Marque a opção correta em relação às palavras destacadas no trecho da atividade anterior.

☐ Todas as palavras indicam o tempo presente.

☐ Todas as palavras indicam que a ação já aconteceu.

☐ Duas palavras indicam tempo presente e outra indica tempo passado.

7 Releia a frase abaixo e reescreva-a mudando o tempo verbal para o passado e, depois, para o futuro.

"Estamos com um projeto para incentivar a leitura [...]."

_____

_____

_____

Para ir mais longe

Jornal

▶ **Jornal Joca**. São Paulo, Editora Magia de Ler.

O *Joca* é um jornal voltado a crianças e adolescentes, que traz notícias do Brasil e do mundo com uma linguagem simples e adequada ao seu público. Ele está disponível em papel e na versão *on-line*.

Revista

▶ **Revista Recreio**. São Paulo: Editora Caras.

A revista *Recreio* é publicada semanalmente e traz curiosidades, quadrinhos e testes. Os textos têm linguagem fácil de entender e próxima do universo infantil.

Visitação

▶ **Museu da Imprensa Nacional**. Brasília, Distrito Federal.

O visitante pode conhecer diversos tipos de máquinas de impressão, móveis, manuscritos, instrumentos utilizados em artes gráficas e até um exemplar do primeiro jornal impresso no Brasil, a *Gazeta do Rio de Janeiro*. Mais informações em: <http://portal.imprensanacional.gov.br>.

Site

▶ **Biblioteca Nacional:** <www.bn.gov.br/>. Acesso em: 12 jun. 2019.

Nesse *site*, você pode conhecer um pouco mais sobre essa importante instituição brasileira. Ela é uma das dez maiores bibliotecas nacionais do mundo e a maior da América Latina! Fica na cidade do Rio de Janeiro e foi fundada em 1810.

UNIDADE 7
Cuidar e proteger

- Observe as cenas ilustradas nestas páginas. Que situação chamou mais sua atenção? Por quê?
- Você tem ou já teve algum animal de estimação? Se sim, qual?
- Hoje em dia se fala em tutela responsável de animais. Você sabe o que é isso? Converse com os colegas.

Dobradura

Você gosta de dobradura? Nesta atividade, você aprenderá a fazer uma cabeça de cachorro de papel. Siga as orientações.

Material: uma folha de papel branco quadrada.

Como fazer

1. Dobre o papel ao meio formando um triângulo.
2. Dobre o papel ao meio mais uma vez para fazer uma marca. Desdobre deixando a ponta do triângulo voltada para baixo.
3. Dobre as duas pontas na direção mostrada na imagem.
4. Dobre as pontas inferiores para cima.
5. Desenhe e pinte os olhos e o focinho do cachorro.

Dê a dobradura de presente a alguém ou cole-a no caderno.

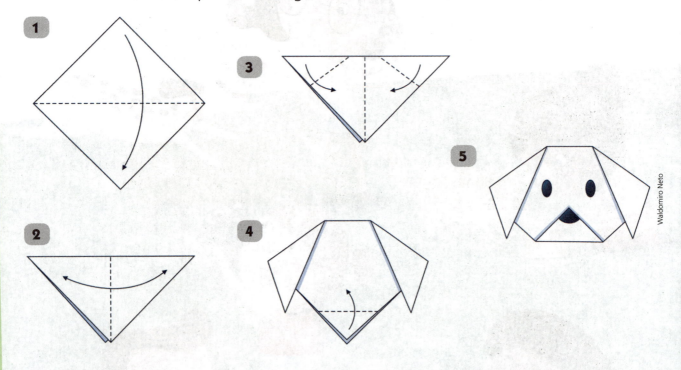

1. Cães e gatos fazem parte da vida de muitas pessoas e comumente são associados a amizade, diversão, carinho. Leia o título do texto da página seguinte.

    a) Nele, os gatos são associados a quê?

    b) Sobre o que você imagina que é o texto?

2. O texto "Gatos e sujeira" foi publicado na seção de um jornal destinada a reclamações dos leitores, em geral sobre questões públicas. Se fosse escrever para a seção de reclamações de um jornal, de qual problema da rua ou do bairro você falaria?

Texto 1 — Carta de reclamação

https://www.jornalcruzeiro.com.br/opiniao/do-leitor/gatos-e-sujeira

DO LEITOR

Gatos e sujeira

Primeiramente, gostaria de agradecer imensamente ao Jornal *Cruzeiro do Sul*, que disponibiliza aos seus leitores tão precioso espaço de exercício de cidadania, único canal que nos permite resolver problemas, já que a municipalidade insiste em ignorar muitas das solicitações e necessidades de seus munícipes. Persistem os problemas da existência de forte odor de urina, muitas fezes e inúmeros gatos em residência na Rua das Laranjeiras, em Sorocaba, o que já foi objeto de aplicação de multa em 23/1/2018, mas sem solução do problema. Posteriormente, foram reiteradas as reclamações publicadas nas datas de 9/3/2018, 13/6/2018 e, por fim, em 9/8/2018. Considero lamentável a postura da Zoonoses, a qual adotou para a questão a resposta-padrão de "a proprietária do imóvel já foi notificada para providenciar a redução dos animais", "deve manter o local higienizado e limpo", "como a intimação não foi cumprida, a responsável já foi multada", "caso ela continue com as irregularidades, o valor da multa será dobrado" e "equipe da Zoonoses retornará ao local".

Os gatos, igualmente vítimas da situação, não são castrados, vivem procriando sem controle algum, a maior parte do dia ficam perambulando pelas ruas, defecam por todas as calçadas, invadem as casas vizinhas, ficam deitados embaixo ou dentro dos automóveis estacionados ou ficam caminhando sobre estes, causando danos aos seus proprietários. Ou seja, é insuportável! A Zoonoses precisa cumprir o seu papel legal de fiscalizar e deve tomar as providências necessárias para resolver o problema, que já virou questão de saúde pública, pois é enorme a quantidade de fezes que tem que ser removida todos os dias da calçada, além do mau cheiro, que impossibilita aos vizinhos manterem as suas janelas abertas, principalmente em determinados períodos do dia, já que tudo é tomado pelo forte odor. Problema que persiste há muito tempo e para o qual não houve solução até hoje.

L. F. P.

Cruzeiro do Sul, 29 dez. 2018. Disponível em: <www.jornalcruzeiro.com.br/opiniao/do-leitor/gatos-e-sujeira>. Acesso em: 29 abr. 2019.

Glossário

Municipalidade: a prefeitura de um município.
Munícipe: quem mora em um município.

Estudo do texto

1 Em que jornal essa carta de reclamação foi divulgada?
_____

2 Qual é a reclamação do leitor na carta?
_____
_____

3 Releia o começo da carta. Por que o autor da carta decidiu escrever para o jornal, e não para a prefeitura?

☐ Porque a prefeitura não resolveu o problema que ele aponta.

☐ Porque a prefeitura não dá importância a cartas de reclamação.

☐ Porque o jornal não dá importância às reclamações dos leitores.

4 Ao afirmar que o jornal *Cruzeiro do Sul* "disponibiliza aos seus leitores tão precioso espaço de exercício de cidadania", o autor da carta se refere a uma seção do jornal em que são publicadas queixas, comentários e elogios dos leitores.

a) Volte à página 171 e responda: Qual é o nome dessa seção?
_____

b) Em que outros veículos esse leitor poderia ter manifestado publicamente sua insatisfação com o que estava acontecendo?
_____
_____
_____

5 O autor afirma que já havia feito reclamações para a prefeitura. Elas foram atendidas? Explique.
_____
_____
_____

6 No início do primeiro parágrafo da carta, o leitor agradece ao jornal por permitir que os leitores se manifestem. E qual é o assunto da segunda parte desse parágrafo? Conte resumidamente.

_____
_____
_____

7 Releia o trecho a seguir.

Posteriormente, foram reiteradas as reclamações [...].

a) Qual das palavra a seguir tem aproximadamente o mesmo sentido de **posteriormente**?

☐ Antes.   ☐ Ao mesmo tempo.   ☐ Depois.

b) E qual destas palavras poderia substituir o termo **reiteradas**?

☐ Retiradas.   ☐ Repetidas.   ☐ Mostradas.

c) Se o autor da carta tivesse preferido usar as palavras que você assinalou nos itens **a** e **b**, a carta teria ficado com uma linguagem mais formal ou mais informal?

_____

8 Vamos pensar um pouco mais sobre a linguagem do texto.

a) De modo geral, a linguagem da carta é formal ou informal? Dê exemplos de expressões ou trechos do texto para justificar sua resposta.

_____
_____
_____

b) Ao levar em conta o veículo em que a carta foi publicada e o motivo da reclamação, quem são os leitores dela?

_____
_____

c) Agora converse com os colegas e o professor e, juntos, concluam se a linguagem da carta é adequada ao objetivo dela e ao público leitor. Justifique sua resposta.

_____
_____
_____
_____

9 Complete o quadro a seguir com informações da carta.

Problemas apresentados pelo autor da carta para justificar sua reclamação	Justificativas enviadas pela prefeitura ao autor da carta

10 Em sua opinião, são bons os argumentos (provas) que o autor da carta utiliza para provar que o problema do qual ele reclama é sério e precisa ser resolvido pelas autoridades da cidade? Por quê?

Carta de reclamação é a carta na qual o autor faz uma queixa a respeito de um produto, um serviço etc. Ela é dirigida a leitores que têm poder de resolver o problema em questão ou podem ajudar a resolvê-lo.

As cartas de reclamação são enviadas à empresa ou à instituição responsável pelo problema ou por sua solução, mas também podem ser divulgadas em jornais, revistas e *sites* — nesse caso, alcançam um público maior e exercem mais pressão.

Elas costumam ser escritas em uma linguagem mais formal do que a das cartas pessoais e devem apresentar, além da identificação de remetente e destinatário, o fato que gerou a reclamação e argumentos para provar a validade da reclamação.

11 Forme dupla com um colega e respondam às questões a seguir.

a) Por que a carta lida não tem data?

_____

_____

_____

b) A carta de reclamação deve seguir a mesma estrutura da carta pessoal. Em relação às cartas pessoais, que elementos faltam?

_____

_____

c) Por que, possivelmente, a carta de reclamação publicada no jornal não tem esses elementos?

_____

_____

_____

12 O autor da carta apresenta uma sugestão para que o problema dos gatos em sua vizinhança seja resolvido: "A Zoonoses precisa cumprir o seu papel legal de fiscalizar e deve tomar as providências necessárias para resolver o problema [...]". Isso resolveria o problema? Por quê?

_____

_____

> Em cartas de reclamação publicadas em jornal, revista ou *site*, é comum o autor mencionar que já fez reclamações anteriores para mostrar que o problema existe há certo tempo e ainda não foi resolvido. Ele também tenta provar ao leitor que tentou todas as soluções possíveis antes de expor publicamente a situação.

Estudo da língua

Flexões do verbo – Parte 2

1 Leia o título dos livros.

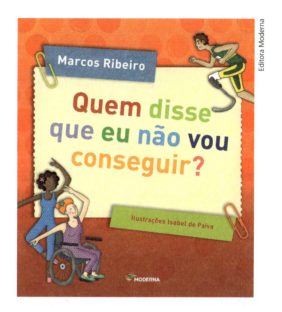

a) Que verbos há nesses títulos?

_____

_____

b) Que pronome pessoal reto aparece nos títulos?

_____

c) Imagine que você fosse o autor dos livros e resolvesse colocar o pronome **nós** antes de "quero", "faço" e "vou". Como ficariam os verbos?

_____

_____

d) Reescreva os títulos dos livros usando o pronome **nós**. Faça as alterações necessárias.

_____

_____

_____

2 Escreva o verbo de acordo com o pronome dado. Observe o exemplo.

> Os alunos **leem** os livros.

a) Eu _____ os livros. Ela _____ os livros.

b) Nós _____ os livros. Vocês _____ os livros.

> O verbo apresenta variações de **tempo**, **modo**, **pessoa** e **número**.

3 Releia o trecho a seguir.

Primeiramente, gostaria de agradecer imensamente ao Jornal *Cruzeiro do Sul*, que **disponibiliza** aos seus leitores tão precioso espaço de exercício de cidadania [...]. **Persistem** os problemas da existência de forte odor de urina, muitas fezes e inúmeros gatos em residência na rua das Laranjeiras, em Sorocaba [...].

Os gatos, igualmente vítimas da situação, [...] a maior parte do dia ficam **perambulando** pelas ruas [...].

a) Consulte o dicionário e copie o sentido dos verbos destacados na carta.

_____
_____
_____

b) Agora observe os verbos destacados nestes trechos. Como eles aparecem no dicionário?

Persistem os problemas [...], o que já **foi** objeto de aplicação de multa [...].
Os gatos [...] não **são** castrados [...].
Problema que persiste **há** muito tempo e para o qual não houve solução até hoje.

_____

> Ao consultar o sentido de um verbo no dicionário, devemos procurá-lo no **infinitivo**. O infinitivo é uma forma nominal do verbo, ou seja, não apresenta indicação de tempo, modo, pessoa ou número e sempre termina com -**ar**, -**er**, -**ir** ou -**or**. Exemplos de verbos no infinitivo: **amar**, **comer**, **sair**, **pôr**.

Texto instrucional

1. Antes de iniciar a próxima leitura, observe o título do texto, algumas palavras em destaque e as imagens. Quem é o "amigo" mencionado no título e qual será o objetivo do texto?

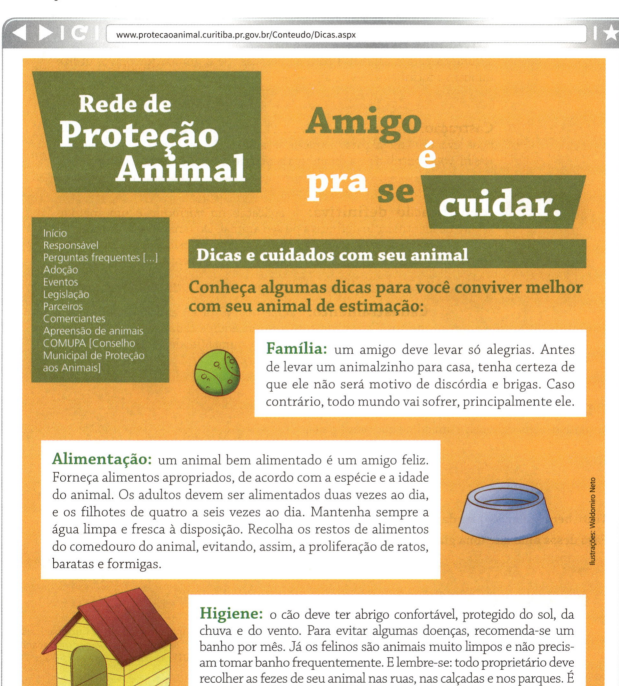

www.protecaoanimal.curitiba.pr.gov.br/Conteudo/Dicas.aspx

Rede de Proteção Animal

Amigo é pra se cuidar.

Início
Responsável
Perguntas frequentes [...]
Adoção
Eventos
Legislação
Parceiros
Comerciantes
Apreensão de animais
COMUPA [Conselho Municipal de Proteção aos Animais]

Dicas e cuidados com seu animal

Conheça algumas dicas para você conviver melhor com seu animal de estimação:

Família: um amigo deve levar só alegrias. Antes de levar um animalzinho para casa, tenha certeza de que ele não será motivo de discórdia e brigas. Caso contrário, todo mundo vai sofrer, principalmente ele.

Alimentação: um animal bem alimentado é um amigo feliz. Forneça alimentos apropriados, de acordo com a espécie e a idade do animal. Os adultos devem ser alimentados duas vezes ao dia, e os filhotes de quatro a seis vezes ao dia. Mantenha sempre a água limpa e fresca à disposição. Recolha os restos de alimentos do comedouro do animal, evitando, assim, a proliferação de ratos, baratas e formigas.

Higiene: o cão deve ter abrigo confortável, protegido do sol, da chuva e do vento. Para evitar algumas doenças, recomenda-se um banho por mês. Já os felinos são animais muito limpos e não precisam tomar banho frequentemente. E lembre-se: todo proprietário deve recolher as fezes de seu animal nas ruas, nas calçadas e nos parques. É uma atitude de cidadania e obrigatória por lei.

Ilustrações: Waldomiro Neto

Cuidados médicos: seu amigo também precisa ir ao médico. Ao desmamar, ele deve visitar o médico veterinário para desverminar e receber as vacinas. Os filhotes devem ser vacinados com 2, 3 e 4 meses de idade, e os adultos anualmente, com vacinas contra raiva e doenças próprias da espécie. Providencie a vermifugação do seu animal segundo as orientações veterinárias a esse respeito. E não se esqueça de levá-lo para fazer exercícios.

Ilustrações: Waldomiro Neto

Atividades físicas: durante o passeio, utilize sempre coleira e guia. É segurança para o animal e para as pessoas. Se o animal for bravo, utilize também a focinheira e evite agressões.

Castração: o animal castrado vive melhor e fica mais dócil. Todo proprietário pode levar seu animal para castração, seja ele macho ou fêmea, de raça ou não. Assim, você contribui para diminuir a superpopulação de animais na cidade.

Identificação definitiva: a aplicação do *microchip* é um método seguro de identificação definitiva do seu animal. Do tamanho de um grão de arroz, sua aplicação é simples e não precisa de anestesia. Por ser inviolável, ele garante a identificação do seu amigo, caso ele se perca ou seja roubado.

Cadastramento: ajude-nos a fazer um trabalho ainda melhor. Contribua com a nossa equipe cadastrando seu amigo. Ele é um registro dos dados do animal (idade, raça e outros) e do dono (nome, endereço e outros).

Lembre-se: Maltratar um animal, por qualquer motivo, além de cruel, é um crime que prevê penas de prisão e multa.

Trate bem quem só quer dar carinho e atenção.
Faça dessa amizade uma guarda responsável.

Rede de Defesa e Proteção Animal da Cidade de Curitiba. Instituto das Cidades Inteligentes. Disponível em: <www.protecaoanimal.curitiba.pr.gov.br/Conteudo/Dicas.aspx>. Acesso em: 29 abr. 2019.

Glossário

Cadastrar: incluir informações sobre algo ou alguém em um cadastro.

Castração: cirurgia feita para impedir que o animal procrie, isto é, que tenha filhotes.

Estudo do texto

1. Observe as imagens que ilustram o texto e converse com os colegas.
   a) Qual é a relação entre as imagens e as dicas?
   b) As imagens são adequadas ao conteúdo e ao objetivo do texto? Por quê?

2. Esse texto foi retirado de uma página da internet chamada *Rede de Proteção Animal*, da Prefeitura de Curitiba (Paraná), que tem o objetivo de melhorar as condições de vida dos animais da cidade. A quem se dirige esse texto?

   _____

   _____

3. Releia este trecho.

   [...] durante o passeio, utilize sempre coleira e guia. É segurança para o animal e para as pessoas. Se o animal for **bravo**, utilize também a focinheira e evite agressões.

   a) Qual das palavras a seguir poderia ser usada no lugar da palavra destacada sem mudar o sentido do texto?

   ☐ Dócil.   ☐ Corajoso.

   ☐ Feroz.   ☐ Bagunceiro.

   b) Se a palavra **bravo** fosse trocada pela palavra que você escolheu no item anterior, a linguagem ficaria mais formal ou mais informal?

   _____

   c) Em sua opinião, a linguagem do texto é simples e pode ser compreendida pela maioria dos leitores? Ou é complicada, com palavras pouco conhecidas? Justifique sua resposta com um trecho do texto.

   _____

   _____

   _____

4 Releia o título: "Dicas de cuidados com seu animal".

a) Marque a alternativa correta.

☐ O título é direto e objetivo.

☐ Não é possível saber o assunto do texto apenas pela leitura do título.

☐ No título não deveria aparecer a palavra **dicas**.

b) Reescreva o título substituindo **dicas** por **regras**.

_____

c) Com a palavra **regras**, o título continua com o mesmo sentido? Explique sua resposta.

_____
_____
_____

5 O texto foi publicado em uma página da internet, por isso do lado esquerdo há uma lista de opções para o leitor mudar de página caso queira outras informações. Em qual delas ele deveria clicar para saber informações sobre a lei que protege os animais de maus-tratos?

_____

6 Nesta unidade, você leu uma carta de reclamação a respeito de uma pessoa que não cuidava adequadamente de seus animais. Qual ou quais dicas da página da Prefeitura de Curitiba ela não seguiu?

_____

7 Os cuidados com os animais de estimação não são tarefa só dos adultos: as crianças devem ajudar. Quais das dicas se referem a atividades que podem ficar a cargo das crianças e quais são responsabilidade apenas dos adultos?

_____
_____
_____
_____

8 Agora releia este trecho.

[...] **Forneça** alimentos apropriados, de acordo com a espécie e a idade do animal. Os adultos devem ser alimentados duas vezes ao dia, e os filhotes de quatro a seis vezes ao dia. **Mantenha** sempre a água limpa e fresca à disposição. **Recolha** os restos de alimentos do comedouro do animal, evitando, assim a proliferação de ratos, baratas e formigas.

a) As palavras destacadas nos trechos têm algo em comum. O que é?

☐ Elas exprimem pedidos feitos ao leitor do texto.

☐ Elas indicam ordens, orientações ao leitor.

b) Esse trecho faz parte da dica sobre alimentação. As dicas estão separadas umas das outras por um espaço. Que outro recurso visual foi usado para destacar o início de cada dica?

_____
_____

> O texto de dicas que você leu tem o objetivo de fornecer instruções e orientações ao leitor sobre como cuidar de animais de estimação. Textos como esse, que dão instruções e orientam as ações do leitor, são chamados de **textos instrucionais**.
>
> É comum os textos instrucionais se organizarem em itens, que podem ser numerados ou destacados de outras formas. Nesses textos, os verbos são usados para exprimir ordem ou recomendação, como você viu na atividade 8.

9 Quais dos tipos de texto a seguir também são instrucionais, isto é, exprimem ordens ou instruções ao leitor?

☐ Carta de reclamação. ☐ História em quadrinhos.

☐ Receita de bolo. ☐ Manual de montagem de *video game*.

☐ Regras de jogos.

Aí vem história

O que Zeus, Atena, Ártemis e Afrodite, deuses da mitologia grega, têm a ver com os animais de estimação, que são o assunto desta unidade? Leia o conto da página 257 para saber.

Estudo da escrita

Acentuação gráfica de palavras oxítonas e paroxítonas – Parte 2

1 Separe em sílabas as palavras a seguir.

> pônei   sótão   órgãos   fóssil

_____   _____

_____   _____

a) Circule a sílaba tônica das palavras.

b) Em relação à posição da sílaba tônica, como são classificadas essas palavras?
_____

c) Escreva o nome dos objetos empregando o acento gráfico corretamente.

_____   _____   _____

d) Complete a frase.

Acentuam-se as paroxítonas terminadas em: _____

2 Escreva as palavras a seguir no plural.

maracujá   cipó   bebê

_____   _____   _____

jacaré   armazém   metrô

_____   _____   _____

◆ Complete a frase.

Acentuam-se as oxítonas terminadas em _____, _____ e _____.

Um pouco mais sobre

Direitos dos animais

Em 1978, a Organização das Nações Unidas para a Educação, a Ciência e a Cultura (Unesco) aprovou a Declaração Universal dos Direitos dos Animais. Leia alguns trechos.

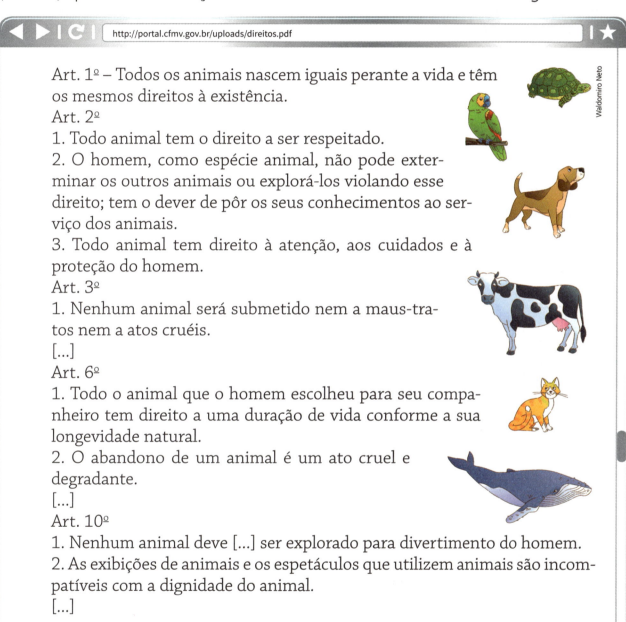

Art. 1º – Todos os animais nascem iguais perante a vida e têm os mesmos direitos à existência.

Art. 2º

1. Todo animal tem o direito a ser respeitado.
2. O homem, como espécie animal, não pode exterminar os outros animais ou explorá-los violando esse direito; tem o dever de pôr os seus conhecimentos ao serviço dos animais.
3. Todo animal tem direito à atenção, aos cuidados e à proteção do homem.

Art. 3º

1. Nenhum animal será submetido nem a maus-tratos nem a atos cruéis.

[...]

Art. 6º

1. Todo o animal que o homem escolheu para seu companheiro tem direito a uma duração de vida conforme a sua longevidade natural.
2. O abandono de um animal é um ato cruel e degradante.

[...]

Art. 10º

1. Nenhum animal deve [...] ser explorado para divertimento do homem.
2. As exibições de animais e os espetáculos que utilizem animais são incompatíveis com a dignidade do animal.

[...]

Disponível em: <http://portal.cfmv.gov.br/uploads/direitos.pdf>. Acesso em: 29 abr. 2019.

1 Que itens você achou mais importantes no texto acima? Por quê?

2 Que outros direitos dos animais você acrescentaria a esses?

Produção de texto

Carta de reclamação

Nesta unidade, você leu a carta de reclamação enviada por um leitor a um jornal. Divulgar sua reclamação publicando-a no jornal foi o recurso usado por esse leitor para resolver um problema de sua rua, depois de ter pedido ajuda à prefeitura sem que a situação fosse resolvida.

Agora é sua vez de escrever uma carta para reclamar de um problema na rua ou no bairro e pedir uma solução. No final, você e os colegas escolherão algumas das cartas redigidas pela turma para enviar a jornais da cidade ou da região.

Planejamento e produção

1. Converse com os colegas e o professor sobre os problemas da rua ou do bairro que os moradores não podem resolver sozinhos e exigem providências de empresas particulares ou do poder público. Faça com eles um levantamento dos problemas mais importantes. Por exemplo: a rua tem buracos ou fica alagada quando chove; o córrego está poluído; o excesso de lixo nas calçadas atrai mosquitos transmissores de doenças; o bairro não tem linhas de ônibus suficientes; há muitos animais abandonados no bairro etc.

2. Escolha o problema do qual você vai reclamar na carta e organize o que vai dizer. É preciso informar:
   - o problema e quando surgiu;
   - quem ou o que o causou;
   - as consequências e quem as sofre;
   - o que já foi feito para tentar resolver a situação;
   - a solução que pode ser dada.

3. Pesquise, com a orientação do professor, os jornais da cidade ou da região que têm uma seção de cartas do leitor (de reclamação ou não). Decidam para qual jornal as cartas da turma serão enviadas.

4. Sua carta de reclamação deve ter a estrutura própria das cartas:
   - local e data;
   - saudação;
   - corpo da carta (com base em informações pesquisadas e selecionadas);
   - despedida;
   - assinatura (seu nome).

5. Como muitas pessoas lerão sua carta, além dos responsáveis pelo jornal, use linguagem formal.
6. Não deixe de mostrar que sua carta é de interesse coletivo, ou seja, o problema exposto afeta muitas pessoas, além de você e sua família.

Revisão

Releia a carta e verifique os itens a seguir.

1. Há local e data, saudação ao destinatário, corpo do texto, despedida e assinatura?
2. Você deixou claro o motivo da reclamação, quem ou o que causou o problema e quais são as consequências?
3. A carta aponta uma solução para o problema?
4. A linguagem é formal e polida (educada)?
5. Os sinais de pontuação ajudam a deixar claro o sentido do texto?
6. Foi usada letra maiúscula no início das frases?
7. As palavras estão escritas sem erros?

Reescrita

1. Corrija ou modifique o que for necessário e mostre o texto ao professor. Após as correções dele, passe a carta a limpo – você pode escrever à mão ou usar um programa de edição de texto.

Divulgação

1. Forme grupo com alguns colegas e troquem entre vocês as cartas que produziram. Conversem a respeito delas e escolham uma ou duas cartas que, na opinião do grupo, abordem os problemas mais graves ou que atingem mais pessoas. Nessa seleção, considerem também se há bons argumentos que possam convencer o leitor da validade da reclamação.
2. Quando o professor chamar, mostrem ao resto da turma as cartas escolhidas e participem da seleção final das cartas que serão enviadas para publicação, entre as selecionadas por todos os grupos.
3. Com a orientação do professor, participe do envio das cartas para as publicações escolhidas, *on-line* e/ou impressas.

Produção de texto

Texto instrucional

Nesta seção você formará dupla com um colega e criará com ele um texto que ensine, passo a passo, a fazer a casinha de papelão para cachorro mostrada na página seguinte.

No final, com a orientação do professor, vocês podem reproduzir o texto e entregá-lo a familiares e amigos que sejam tutores de animais de estimação.

Planejamento

1. Observem nas ilustrações tudo o que é necessário para fazer a casinha e escrevam a lista do material na primeira parte do texto.
2. Pensem em um título que deixe claro qual objeto será montado.
3. Com base nas imagens, planejem as instruções de elaboração da casinha e numerem-nas a fim de mostrar ao leitor a sequência das etapas.

Produção

1. Ao escrever:
   - usem palavras e expressões que reforcem a ordem dos procedimentos, como **primeiro**, **depois**, **em seguida**, **antes** etc.;
   - usem verbos que exprimam ordem ou recomendação. Por exemplo: **faça**, **corte**, **cole**, **junte**, **pinte** etc.
2. Para serem compreendidos com facilidade, os textos instrucionais devem ser objetivos, sem palavras e expressões que possam confundir o leitor. E, se possível, devem ter frases curtas.
3. À medida que escreverem, releiam as instruções e coloquem-se no lugar de um leitor. Se as frases não estiverem claras, reescrevam-nas.

Revisão

Quando finalizarem o texto, releiam-no observando os aspectos a seguir.

1. O título indica o objeto que será feito?
2. A primeira parte do texto apresenta todos os materiais necessários?
3. A segunda parte contém, passo a passo, as instruções para o leitor fazer a casinha?
4. O texto é claro, tem linguagem objetiva e frases curtas?

Reescrita

1. Reescrevam o que for necessário e entreguem o texto ao professor. Após a correção, passem o texto a limpo, cada um no próprio livro.
2. Sob orientação do professor, reproduzam a página 189 com o texto escrito por vocês e entreguem-na a amigos e familiares.

Material:

Tesoura, cola, lápis, fita adesiva, duas caixas de papelão grandes, fita métrica e tinta.

Passo a passo

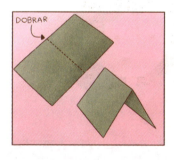

Vídeo tutorial

Você já ouviu falar em tutoriais? Tutoriais são textos que dão instruções, ensinam a desenvolver uma atividade.

Nesta seção, você e os colegas produzirão um vídeo tutorial para crianças que o professor publicará no *site* da escola. Vamos lá?

Preparação

Para começar, observe as imagens.

Converse com os colegas sobre as questões a seguir.

1. O que as duas imagens têm em comum?

2. O que as crianças representadas parecem fazer?

3. Você já assistiu, na televisão ou em *sites* de compartilhamento de vídeos, a algum programa em que se ensinava um jogo, a montar um brinquedo ou preparar um alimento? Se já assistiu, conte aos colegas:

    a) O programa era destinado a crianças ou a outro público?

    b) O que se ensinava a fazer ou jogar? Você aprendeu o que foi ensinado?

    c) O que achou da linguagem dos apresentadores? Era clara, fácil de entender?

Produção e publicação

1. Agora forme um grupo com alguns colegas para criar um vídeo que ensine um jogo ou a montagem de um brinquedo a crianças da Educação Infantil ou do 1º, 2º e 3º anos da escola. O primeiro passo é definir o que vocês ensinarão, lembrando que deve ser algo fácil, pois o público são crianças menores do que vocês. Sugestões:
    - como fazer um brinquedo para seu cão ou gato;
    - como fazer dobraduras de animais;
    - como brincar de amarelinha;
    - como brincar de bater palmas.

2. Se necessário, pesquisem informações sobre o que ensinarão no vídeo para que se sintam mais seguros e deem as instruções certas.

3. Providenciem os materiais para a montagem ou a brincadeira e para a filmagem (pode ser um celular com câmera).

4. Decidam o local da filmagem. Procurem um lugar iluminado e silencioso.

5. Façam um roteiro para saber o que vão falar e mostrar no vídeo.
    - Vocês devem começar se apresentando e dizer o que será ensinado.
    - Em seguida, mostrem o material a ser usado (se houver).
    - Na sequência, deem as instruções usando a linguagem própria dos textos instrucionais (com verbos que exprimem ordem ou recomendação, por exemplo).
    - Assim como nos vídeos da internet e da TV, vocês não devem apenas falar, mas também mostrar a montagem do brinquedo ou como se joga. Assim, planejem e anotem a sequência das ações, as falas e a despedida.

6. Com base no roteiro, ensaiem o que vão dizer e mostrar no vídeo.

7. No momento da gravação, se decidiram usar o celular, deixem-no fixo em um ponto. Falem com calma e pronunciem bem as palavras.

8. Depois que o professor postar o vídeo no *site* da escola, ajude a divulgar o trabalho de vocês nas turmas de crianças mais novas.

Revendo o que aprendi

1 Leia a tirinha a seguir, do personagem Armandinho, um menino muito esperto que tem um sapo como animal de estimação.

Alexandre Beck. Disponível em: <http://tirasarmandinho.tumblr.com/>. Acesso em: 29 abr. 2019.

a) Qual é a profissão do adulto com quem Armandinho está conversando?

b) O que você observou na tirinha para dar essa resposta?

c) Pela fala do personagem adulto no primeiro e no segundo quadrinhos, pode-se imaginar que Armandinho havia feito um pedido a ele. Qual pode ter sido?

d) O adulto afirma que os anfíbios não têm raiva. A que ele se refere quando usa a palavra **raiva**?

e) O menino entende essa palavra do mesmo jeito? Explique sua resposta.

2 Copie as formas verbais usadas na tira de Armandinho.

_____

Quem procurar esses verbos no dicionário, vai encontrá-los de que forma?

_____

3 Releia este trecho da tirinha.

...mas anfíbios não têm raiva!

a) Imagine que o personagem estivesse se referindo a um anfíbio somente. Como você adaptaria esse trecho?

_____

b) Que mudança aconteceu na forma do verbo?

_____

4 Leia o texto a seguir e faça o que se pede.

> www.reclameaqui.com.br/alfapet-produtos-para-animais-ltda/granulado-de-madeira-nao-diminui-o-mau-cheiro_5txMvHr9...
>
> [...] Produtos para Animais Ltda.
>
> Itapecerica da Serra – SP   ID: [...]   14/12/18 às 11h39   denunciar
>
> **Granulado de madeira não diminui o mau cheiro!**
> Bom dia!
> Com o objetivo de diminuir o odor causado pela urina dos meus gatos, comprei um pacote do granulado de madeira [...], acreditando na frase [...] em sua embalagem: "Sua casa limpa e sem odores"... Muito pelo contrário, o granulado intensificou o odor, não formou torrões (como as demais areias), dificultando assim a limpeza da caixa de areia.
> Solicito um posicionamento da empresa [...]!
> Att.
> Sheilla

Reclame Aqui. Disponível em: <www.reclameaqui.com.br/alfapet-produtos-para-animais-ltda/granulado-de-madeira-nao-diminui-o-mau-cheiro_5txMvHr9M9bpTCaL/>. Acesso em: 8 maio 2019.

a) Sobre esse texto, é correto afirmar que é:

☐ instrucional, ensina a usar granulado de madeira para eliminar o odor de urina de gato.

☐ uma carta de reclamação sobre um produto que não funciona como o autor da carta imaginou.

☐ uma carta pessoal em que uma pessoa relata a outra os problemas causados pelo odor de urina dos gatos.

b) Quais características do texto você pode usar para justificar sua resposta à questão anterior?

_____

_____

_____

c) A autora termina assim o texto: "Solicito um posicionamento da empresa [...]". **Solicitar** é o mesmo que:

☐ dar.   ☐ receber.   ☐ pedir.

193

O texto a seguir dá dicas para quem quer adotar um cãozinho. Leia-o e responda às questões.

Dicas de como escolher

- Escolha um cãozinho com energia igual ou menor que a sua. Alguns animaizinhos podem ser mais "peraltas" do que outros, muitas vezes precisando brincar muito durante o dia e, caso eles não gastem essa energia, o alvo pode ser o seu tênis favorito ou o pé da mesa [...].
- Não ignore cães velhinhos. Eles precisam de amor e já estão mais maduros e estáveis do que filhotes. [...]
- Não tome decisões baseadas em sua emoção. Provavelmente, quando você for ao canil, você ficará triste e muitas vezes assustado com o estado do cãozinho. É difícil resistir aos olhares tristes e solitários. Porém, você não poderá mudar de ideia depois. Só adote se você realmente tem certeza que ele é perfeito para o seu lar e ambiente.
[...]

Guia completo sobre doação de cães e gatos. Blupet. Disponível em: <www.blupet.com.br/guia-adocao/#como-escolher>.
Acesso em: 29 abr. 2019. Texto adaptado

1 Sublinhe no texto os verbos que exprimem recomendação.

2 A quem esses verbos se dirigem?

☐ Aos cãezinhos.   ☐ Ao autor do texto.   ☐ Ao leitor.

3 Releia estas palavras: **tênis, estáveis, você, ficará, difícil, solitários, porém**.

a) Separe-as em sílabas. _____

_____

b) Quais dessas palavras são oxítonas e quais são paroxítonas?

_____

_____

c) Que regras explicam o motivo de essas palavras receberem acento gráfico?

_____

_____

Para ir mais longe

Livros

▶ **O cachorro que sabia dar risada e outras histórias de crianças e cachorros**, de Heloisa Prieto. São Paulo: Ática, 2001.

O texto aborda, em três histórias diferentes, o amor incondicional dos cães por seus tutores. A coleção Melhores Amigos, da qual esse livro faz parte, relata a relação de carinho e solidariedade entre crianças e animais.

▶ **O cachorro preto**, de Levi Pinfold. Campinas: Saber e Ler, 2015.

Um cachorro preto, grande e peludo apareceu no jardim da casa de Marília. As pessoas pensaram que ele era muito perigoso e iria atacá-los. Mas a intenção dele não era bem essa. Leia e descubra o que o cachorro queria!

Filmes

▶ **Beethoven e o tesouro secreto**. EUA, 2015. Direção: Ron Oliver, 97 min.

Beethoven, um imenso filhote São Bernardo, e seu treinador ficam presos em um vilarejo. Beethoven, então, faz amizade com um garoto e, com ele, sai em busca de um tesouro perdido.

▶ **Apenas cães**. EUA, 2018. Direção: Amy Berg, 50 min.

Esse documentário retrata seis histórias comoventes que demonstram o profundo vínculo emocional entre cães e humanos.

UNIDADE 8
Festas e mais festas

- O que a ilustração representa?
- Você já viu este evento pessoalmente? Onde foi e com quem você estava?
- Por que será que as pessoas estão com esses trajes?

Brincar de bicho!

Você conhece as brincadeiras **coelhinho sai da toca** e **cabra-cega**? Essas e muitas outras brincadeiras existem há muitos anos.

Assim como as histórias transmitidas de geração a geração, as brincadeiras antigas continuam fazendo sucesso com as crianças.

Com a orientação do professor, você e os colegas escolherão uma dessas brincadeiras para se divertir.

1. Do que vocês brincaram? Como foi?

2. Você conhece outras brincadeiras como essas? Conte aos colegas.

3. Brincadeiras, histórias, festas, cantigas... Tudo isso faz parte do folclore de um povo. Você sabe o que é folclore? Leia um verbete de enciclopédia que explica essa palavra.

Verbete de enciclopédia

Folclore

Introdução

Folclore é a cultura popular manifestada por meio de cantigas, danças, brincadeiras, rezas, festas, provérbios e histórias, entre outras formas de expressão. Costumes, gestos, superstições, culinária, artesanato e indumentária também fazem parte do folclore de um povo.

Origem do nome

A palavra "folclore" vem do termo inglês *folklore*, que foi criado pelo antiquário e escritor britânico William John Thoms (1803-1885) e utilizado por ele pela primeira vez em 22 de agosto de 1846. É por isso que o Dia do Folclore é comemorado em 22 de agosto. *Folk* significa "povo" e *lore* quer dizer "saber". Ou seja, o folclore é o "saber do povo".

Essa sabedoria popular está, por exemplo, no jeito de trançar uma rede ou na maneira como as crianças pulam amarelinha (brincadeira também chamada de macaca ou academia). Por representar o saber de determinado povo, o folclore não é algo estático; ele muda e sofre variações conforme a época, o lugar e as gerações.

▶ Uma menina pula amarelinha. A brincadeira, também conhecida como macaca ou academia, é muito antiga e tem regras e nomes diferentes em várias partes do mundo.

No Brasil

O folclore brasileiro é principalmente uma mistura da bagagem cultural dos índios, dos portugueses (e, depois, de outros europeus) e dos negros. O mamulengo, um teatro de bonecos popular do estado de Pernambuco, é uma versão brasileira das marionetes francesas (ou fantoches). Já o mulungu, um grande tambor, é um instrumento musical introduzido no Brasil pelos escravos africanos. A lenda indígena de Mani conta a origem da mandioca, bastante apreciada na culinária brasileira. As Festas Juninas, com suas fogueiras, bandeirinhas e comidas típicas, são uma homenagem a três santos comemorados no mês de junho (Santo Antônio, São João e São Pedro) e vieram com os imigrantes portugueses.

Diversos artistas brasileiros se inspiraram no folclore para escrever poemas, compor músicas ou pintar quadros. O escritor Manuel Bandeira trouxe cantigas da infância para suas poesias, como em *Acalanto de John Talbot*. O saci ficou famoso depois que o escritor Monteiro Lobato lançou o livro *O saci*. As bandeirinhas das Festas Juninas são muito presentes nos quadros do pintor Alfredo Volpi, e temas do folclore ganharam destaque na obra musical do compositor Heitor Villa-Lobos.

Desde o berço

Já no berço as crianças têm contato com manifestações folclóricas. No Brasil, por exemplo, quando adultos entoam cantigas de ninar como *Boi da cara preta*, geralmente embalando o bebê, estão introduzindo o recém-nascido no universo das canções folclóricas.

Depois vêm os brincos, que são rimas rítmico-musicais, muitas vezes acompanhadas de gestos, usadas para entreter as crianças. Um exemplo é o chamado "Dedo mindinho", que tem muitas variantes. Em uma delas, o adulto pega a mão do bebê e, apontando para cada um dos dedos, a partir do menor de todos, diz: "Mindinho/Seu vizinho/Pai de todos/Fura-bolo/Mata-piolho".

Há ainda as cantigas de roda, as adivinhas, as parlendas, as quadrinhas, os jogos populares e as histórias de bicho-papão (também conhecido como Cuca, Tutu, Cabra-Cabriola e Mão de Cabelo).

Folclorista

Aqueles que se dedicam a estudar o folclore são chamados de folcloristas. Um dos maiores folcloristas brasileiros foi Luís da Câmara Cascudo (1898-1986). Nascido em Natal, no Rio Grande do Norte, ele dedicou a vida a pesquisar a sabedoria popular e escreveu diversos livros, como *Geografia dos mitos brasileiros*, *Literatura oral no Brasil* e *Dicionário do folclore brasileiro*, uma de suas obras mais importantes.

Glossário

Indumentária: conjunto de roupas usadas em determinado local, cultura, época etc.

Superstição: crença em sinais e práticas que não é fundamentada na razão ou no conhecimento.

Britannica Escola. Disponível em: <http://escola.britannica.com.br/article/487835/folclore>. Acesso em: 29 abr. 2019.

Estudo do texto

1 Assinale as afirmações corretas a respeito do verbete de enciclopédia que você leu.

☐ Explica um assunto ao leitor.   ☐ Tem título e subtítulos.

☐ Traz a definição de palavras.   ☐ Numera os diferentes significados das palavras.

> O **verbete de enciclopédia** apresenta informações mais detalhadas a respeito de um assunto, de uma palavra ou de algo de interesse geral. Ele é publicado em enciclopédias, que podem estar no formato impresso, digital ou disponíveis na internet.

2 Você deve ter percebido, na leitura do verbete de enciclopédia, que o texto está distribuído em cinco partes. Explique o conteúdo de cada uma delas.

a) "Introdução": _____

b) "Origem do nome": _____

c) "No Brasil": _____

d) "Desde o berço": _____

e) "Folclorista": _____

3 A distribuição do texto dessa maneira facilita a consulta ao verbete de enciclopédia? Por quê?

_____

_____

_____

4 Pelas informações contidas na introdução do texto, de que forma o folclore se manifesta?

_____

_____

_____

_____

_____

5 Que manifestações artísticas de sua cultura você acredita que façam parte do folclore?

_____

_____

_____

6 A palavra "folclore" vem do termo inglês *folklore*. Complete as frases com as informações do texto.

_____ significa _____ e

_____ significa _____.

_____ significa _____.

7 De acordo com o texto:

Essa sabedoria popular está, por exemplo, no jeito de trançar uma rede ou na maneira como as crianças pulam amarelinha (brincadeira também chamada de macaca ou academia). Por representar o saber de determinado povo, o folclore não é algo estático; ele muda e sofre variações conforme a época, o lugar e as gerações.

a) Explique, com suas palavras, o que é "**estático**".

_____

_____

b) Por que a brincadeira **amarelinha** também é chamada de **macaca** ou **academia**? Como essa brincadeira é chamada na região em que você vive?

_____

_____

c) Em que isso ajuda a entender a afirmação de que o folclore não é algo estático?

_____

_____

_____

8 Pensando no que você estudou até agora, responda às perguntas.

a) Para que serve um verbete de enciclopédia?

_____

_____

b) Onde encontramos um verbete enciclopédico?

_____

_____

c) Em geral, quem consulta uma enciclopédia?

_____

_____

_____

9 Relembre o que você estudou sobre verbete de dicionário e responda às questões.

a) Como os verbetes são organizados nesse tipo de publicação?

_____

_____

b) Quando um dicionário deve ser consultado?

_____

_____

10 Observe a capa de algumas enciclopédias.

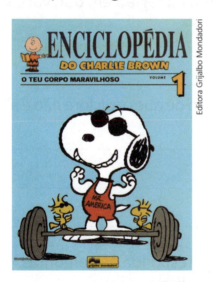
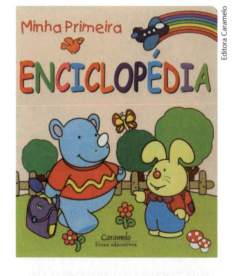
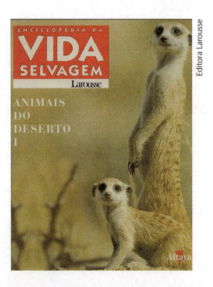
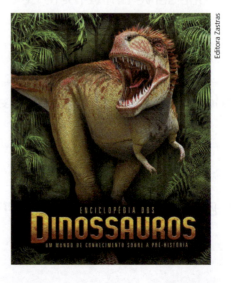

a) Qual dessas enciclopédias você teria curiosidade de consultar? Por quê?

b) Que verbete você procuraria?

Estudo da língua

Concordância verbal

1 Releia a frase a seguir.

O escritor Manuel Bandeira **trouxe** cantigas da infância para suas poesias [...].

a) A quem se refere a palavra destacada, ou seja, sobre quem é feita uma declaração?

___

b) Reescreva a frase de acordo com as orientações a seguir.

- Troque o sujeito da frase por **ele**.

___

- Troque o sujeito da frase por **ela**.

___

- Troque o sujeito da frase por **eles**.

___

- Troque o sujeito da frase por **elas**.

___

c) Em que itens da atividade anterior o verbo foi alterado?

___

d) O que mudou em relação ao verbo?

___

2 Releia a frase a seguir.

[...] o folclore é o "saber do povo".

a) Qual é o substantivo, singular e masculino, que vem antes de um verbo?

___

b) Qual é o artigo, também singular e masculino, que acompanha esse substantivo?

___

3 Releia a frase a seguir:

[...] o escritor Monteiro Lobato lançou **o livro *O saci*.** [...]

a) Reescreva a frase de acordo com as orientações.

- Troque os termos destacados por **a obra *O saci*.**

_____

- Troque os termos destacados por **o trabalho *O saci*.**

_____

- Troque os termos destacados por **novos livros**.

_____

- Troque os termos destacados por **novas obras**.

_____

b) O verbo foi modificado em alguma das novas frases? _____

c) Reescreva a frase mudando o sujeito para "os escritores brasileiros".

_____

d) Ocorreu alguma modificação na frase? Se sim, qual?

_____

_____

> Os verbos concordam com o sujeito (substantivo ou pronome) que ele acompanha, eles podem ficar no plural ou no singular. Essa adequação se chama **concordância verbal**.

4 Complete as frases com os verbos do quadro.

> pulam   escreveu   pintava

a) Monteiro Lobato _____ histórias para crianças.

b) Alfredo Volpi _____ bandeirinhas de festa junina.

c) As crianças _____ amarelinha na rua.

Texto 2 — Agenda cultural

1. Na região em que você vive acontecem festas e outros eventos? De que tipo?

2. Como é possível saber quando e onde acontecem eventos culturais?

3. Veja a reprodução de uma página do *Festival de Curitiba: guia oficial 2017*, disponível no *site* do evento. Em sua opinião, qual é o assunto do texto?

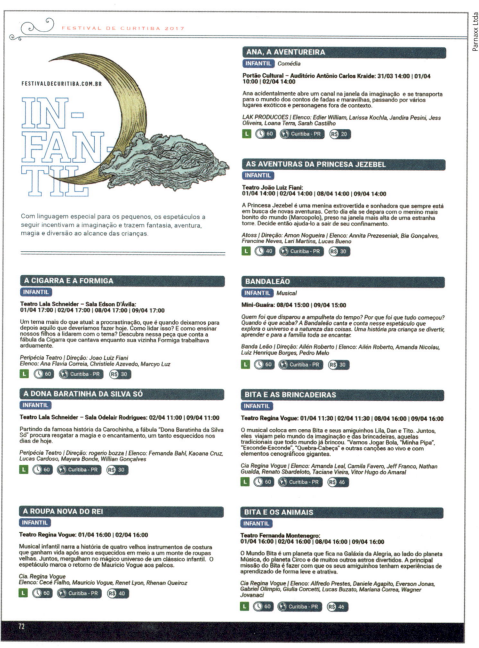

Festival de Curitiba: guia oficial 2017. Disponível em: <http://festivaldecuritiba.com.br/wp-content/themes/festival/assets/guia-oficial-ftc-2017.pdf>. Acesso em: 29 abr. 2019.

Agora, leia dois trechos da página reproduzida.

Trecho 1

Trecho 2

A ROUPA NOVA DO REI

INFANTIL

Teatro Regina Vogue: 01/04 16:00 | 02/04 16:00

Musical infantil narra a história de quatro velhos instrumentos de costura que ganham vida após anos esquecidos em meio a um monte de roupas velhas. Juntos, mergulham no mágico universo de um clássico infantil. O espetáculo marca o retorno de Mauricio Vogue aos palcos.

Cia. Regina Vogue
Elenco: Cecé Fialho, Mauricio Vogue, Renet Lyon, Rhenan Queiroz

   Curitiba - PR 40

Estudo do texto

1 Observe o **trecho 1**.

a) Na parte de cima, há o cabeçalho da página. Que informação há nele?
___
___

b) O que há junto da Lua? Que informações há neste lugar?
___
___
___

c) No texto em azul, embaixo da imagem, a quem o termo **os pequenos** se refere?
___

d) O que é **espetáculo**? Se necessário, consulte o dicionário.
___
___
___

e) Após ler o texto em azul, o que você imagina que será apresentado?
___
___
___

2 Qual é a melhor forma de convencer as pessoas a comparecer a um evento?
___
___

> A **agenda cultural** contém informações sobre eventos públicos, como festas, filmes, *shows*, espetáculos de teatro e dança, exposições etc.

3 No **trecho 2**, localize e complete as informações solicitadas sobre o espetáculo.

a) Nome: _____

b) Descrição do espetáculo: _____
_____
_____
_____

c) Público principal: _____

d) Nome da companhia: _____

e) Nome dos atores: _____
_____

f) Local, município e estado onde será apresentado:
_____

g) Datas e horários: _____

h) Duração: _____

i) Valor do ingresso: _____

j) Classificação indicativa: _____

4 Imagine que alguém falou do espetáculo *A roupa nova do rei* para você.
   a) Qual é a principal informação, aquela que o fará decidir se quer ou não ver o espetáculo? Sublinhe essa informação no **trecho 2**.
   b) Você decidiu assistir ao espetáculo. Que informações são necessárias para você fazer isso? Circule-as no **trecho 2**.

> O **principal objetivo de uma agenda cultural é informar** o que é o evento, quando e onde ele ocorrerá, se é gratuito ou não, a que público se destina e quanto tempo ele dura, ou seja, dar ao leitor as informações essenciais caso ele queira assistir ao evento ou participar dele.

5 Que informações seus pais ou responsáveis por você precisariam saber antes de acompanhá-lo ao espetáculo?

_____

_____

_____

6 Releia a descrição do espetáculo *A roupa nova do rei* e observe os termos destacados.

Musical infantil narra a história de quatro velhos instrumentos de costura que ganham vida após anos esquecidos em meio a um monte de roupas velhas. Juntos, mergulham no mágico universo de um clássico infantil. O espetáculo marca o retorno de Mauricio Vogue aos palcos.

a) Sublinhe os verbos desse texto.

b) Qual é o tempo desses verbos?

☐ Presente.   ☐ Passado.   ☐ Futuro.

7 Imagine que você decidiu assistir ao espetáculo *A roupa nova do rei*. Convide um colega para ir com você a esse evento. Escreva o convite no espaço a seguir.

> Em geral, nos textos de uma agenda cultural, os verbos são empregados no **tempo presente** tanto na descrição do evento como nas informações sobre ele.

Aí vem história

O espetáculo *A roupa nova do rei* foi inspirado em um conto de Hans Christian Andersen, cujo título também foi traduzido como *A roupa nova do imperador*. Leia-o na página 259 e conheça essa história antiga que ainda hoje encanta crianças e adultos.

Estudo da escrita

Aonde e onde

Releia dois trechos dos contos que você já estudou na Unidade 2 para fazer as atividades a seguir.

Trecho 1

[...] À tarde, quando já estava escurecendo, a família de Oporanduja começou a sair, um sapo pulando atrás do outro. Para disfarçar, Oporanduja perguntou **aonde** eles iam.

Jera Giselda Guarani. Oporanduja, o sapo pidão. In: Olívio Jekupé (Org.). *As queixadas e outros contos guaranis*. São Paulo: FTD, 2013. p. 23.

Trecho 2

Zinha enchia a lata de areia para fazer casas de brincar. Muitas, umas ao pé das outras, parecia um bairro com muitas casas para as pessoas que não tinham **onde** morar.

Manuel Rui. *Conchas e búzios*. São Paulo: FTD, 2013. p. 33.

1 Complete as frases a seguir com as expressões do quadro.

> para que lugar   em que lugar

a) Oporanduja perguntou _____ eles iam.

b) Parecia um bairro com muitas casas para as pessoas que não tinham _____ morar.

2 Sobre os termos do quadro da atividade anterior, marque a alternativa correta.

a) **Para que lugar** foi usado para indicar:

☐ movimento ou direção.   ☐ espaço ou lugar.

b) **Em que lugar** foi usado para indicar:

☐ movimento ou direção.   ☐ espaço ou lugar.

3. Marque a opção que completa corretamente as frases a seguir.

	Aonde	Onde
a) Ele não sabe ★ ir.		
b) Jamila quer saber ★ você comprou aquele perfume.		
c) ★ o vovô mora tem cinema?		
d) Você sabe ★ Bia foi?		

4. Agora, complete as frases com **aonde** ou **onde**.

a) A palavra _____ significa "para que lugar" ou "a que lugar" e é usada em situações em que há movimento, deslocamento.

b) A palavra _____ significa "em que lugar" e é usada para indicar espaço ou localização, em situações que não indicam movimento.

> As palavras **onde** e **aonde** são bem parecidas, mas são empregadas em contextos diferentes. **Onde** se refere a lugar e **aonde** deve ser usada com verbos que indicam movimento ou direção.

Letra h

1. Leia em voz alta as palavras a seguir prestando atenção ao som inicial delas: **história**, **homenagem**, **há**.

2. Agora, escreva o nome do animal e do objeto das fotografias.

_____   _____

> No início das palavras, a letra **h** não representa um som.

Produção de texto

Verbete de enciclopédia infantil

Nesta seção, você escreverá um verbete de enciclopédia infantil sobre uma festa popular brasileira. Depois de pronto, ele será publicado no site da escola, e seus leitores serão alunos de anos anteriores.

Preparação

1. Leia o texto a seguir, sobre uma festa popular brasileira. Depois converse com os colegas a respeito das questões.

Lavagem do Bonfim – janeiro

Uma das festas mais tradicionais de Salvador, na Bahia. Uma procissão começa na Igreja da Conceição da Praia e percorre 8 km até a Igreja do Bonfim. As baianas vestidas de trajes típicos, com vasos com água de cheiro, sobem a Colina Sagrada para lavar a escadaria da igreja e homenagear Oxalá, o maior dos orixás e representante do Senhor do Bonfim no candomblé. A lavagem acontece sempre na segunda quinta-feira de janeiro.
[...]

Conheça as maiores festas populares do Brasil. Catraca Livre, 26 jun. 2015. Disponível em: <https://catracalivre.com.br/economize/conheca-as-maiores-festas-populares-do-brasil>. Acesso em: 29 abr. 2019.

- Você já conhecia a festa popular Lavagem do Bonfim?
- Você conhece alguém que tenha participado dela? Se sim, conte aos colegas quem é essa pessoa e o que ela comentou sobre a festa.

2. Forme um grupo com alguns colegas e, com a ajuda do professor, pesquise com eles, na internet ou na biblioteca da escola, uma das festas populares brasileiras a seguir:
   - Festa de São João;
   - Círio de Nazaré;
   - Festival Folclórico de Parintins;
   - Festa do Divino;
   - Cavalhada.

3. Para facilitar a coleta de informações, concentrem a pesquisa nos seguintes aspectos:

    - tipo de festa (religiosa ou tradicional);
    - local (cidade, estado);
    - quando ocorre (mês, ano);
    - descrição da festa;
    - organizadores (habitantes locais, prefeitura, empresas etc.);
    - participantes (adultos, crianças, idosos, pessoas de determinada religião);
    - decoração;
    - trajes típicos.

4. Pesquisem também imagens que representem a festa para serem inseridas no verbete com legenda explicativa.

Produção

Agora é hora de escrever a primeira versão do verbete com base nas informações coletadas. Lembrem-se de:

- colocar título no verbete (que será o nome da festa);
- acrescentar uma ou mais imagens da festa com legenda explicativa;
- empregar linguagem adequada aos leitores do verbete (alunos de anos anteriores).

Revisão, reescrita e publicação

1. Releiam a primeira versão do verbete e verifiquem se ela apresenta:
    - imagens com legendas;
    - título (nome da festa);
    - linguagem clara;
    - informações solicitadas;
    - texto sem erros de ortografia, acentuação e pontuação.

2. Depois de fazer as correções necessárias na primeira versão, passem o texto a limpo à mão ou usando um programa de edição de texto. Nessa finalização, insiram as imagens e respectivas legendas.

3. Com a orientação do professor, enviem o texto para ser publicado no site da escola.

Revendo o que aprendi

1. Leia os verbetes a seguir.

Verbete 1

Circo

Introdução

O circo é uma forma de arte popular que envolve diferentes tipos de artistas, os quais se agrupam em companhias itinerantes (circulam de cidade em cidade). O artista circense pode ser ginasta, malabarista ou equilibrista, ou ainda é aquele que sabe fazer graça para provocar o riso nas pessoas. Os palhaços arrancam gargalhadas da plateia. Os artistas circenses se arriscam, muitas vezes, em números ousados [...].

Os números circenses geralmente ocorrem no centro de um picadeiro, que é um tipo de arena, com a plateia sentada em bancadas em volta. Nas origens, os circos eram ao ar livre, mas depois surgiram as lonas. [...]

Brittanica Escola. Disponível em: <http://escola.britannica.com.br/levels/fundamental/article/circo/480985>. Acesso em: 29 abr. 2019.

▶ Os palhaços têm diferentes tipos de habilidades circenses.

Verbete 2

circo <cir.co> substantivo masculino **1** Grupo de pessoas e animais que se apresentam em números perigosos e que exigem habilidade: *O circo acabou de chegar à cidade!* **2** Lugar em que esse grupo se apresenta.

Dicionário didático básico de Língua Portuguesa – Ensino Fundamental I. São Paulo: SM, 2011. p. 72.

a) Qual dos verbetes é um verbete de dicionário e qual é de enciclopédia? Explique.

_____

_____

_____

b) Que informações no verbete de dicionário não aparecem no verbete de enciclopédia?

_____

_____

2 Reescreva as frases colocando os termos destacados no singular. Faça as mudanças necessárias.

a) **Os palhaços** arrancam gargalhadas da plateia.

_____

_____

b) **Os artistas** circenses se arriscam [...].

_____

_____

c) **Os palhaços** têm diferentes tipos de habilidades circenses.

_____

_____

3 Releia as frases do verbete de dicionário e faça o que se pede.

a) O circo acabou de chegar à cidade!

◆ Complete a pergunta corretamente:

_____ o circo acabou de chegar?

b) Lugar **em que** esse grupo se apresenta.

◆ A expressão destacada pode ser substituída por:

☐ onde. ☐ aonde.

4 Leia a tirinha a seguir e responda às atividades.

Alexandre Beck. Disponível em: <http://tirasarmandinho.tumblr.com/>. Acesso em: 29 abr. 2019.

a) Com quem Armandinho está falando? Justifique sua resposta.

_____

_____

_____

b) No segundo quadrinho, a quem o menino se refere quando fala "tu, ela, ele..."?

☐ Ele está falando de outros sapos que podem estar por perto.

☐ Ele está se referindo à mãe e ao pai dele, que estão próximos.

☐ Ele está falando de todas as pessoas, que devem ser respeitadas.

c) No segundo quadrinho, as reticências (...) no final da fala do menino indicam que pode haver mais a ser dito. Quais palavras poderiam vir depois?

_____

d) No último quadrinho, aparecem as palavras **singularidades** e **plural**. Escolha entre as opções abaixo aquelas que poderiam substituí-las na tirinha.

☐ individual e coletivo   ☐ individual e sozinho

e) Escreva uma explicação para o que Armandinho está dizendo.

_____

_____

_____

_____

Para ir mais longe

Livros

▶ **Canções, parlendas, quadrinhas, para crianças novinhas**, de Ruth Rocha. São Paulo: Salamandra, 2013.

Ruth Rocha reuniu nesse volume versos da tradição popular oral do Brasil. A intenção da autora, como ela mesma explica no texto de abertura, é manter vivas nossas tradições.

▶ **Histórias da Tia Nastácia**, de Monteiro Lobato. São Paulo: Globo, 2011.

Tia Nastácia é a cozinheira do Sítio do Picapau Amarelo e adora contar causos e histórias. Esse livro contém 43 histórias, de contos populares brasileiros até fábulas clássicas da literatura infantil.

Filme

▶ **Brincante: o filme**. Direção de Walter Carvalho. Brasil: Gullane Entretenimento, 2014, 90 minutos.

O documentário mostra o trabalho do multiartista pernambucano Antonio Nóbrega, que percorre o Brasil com seu pequeno teatro apresentando números de fantoches, música, dança e teatro.

Música

▶ **Os Saltimbancos**, de Chico Buarque, Luiz Enriquez e Sérgio Bardotti. Brasil, Universal Music, 1977.

Este álbum é um clássico da música brasileira. As canções narram as aventuras de quatro animais que têm o sonho de formar um conjunto musical.

Visitação

▶ **Museu Casa do Pontal.** Rio de Janeiro, Rio de Janeiro.

O Museu Casa do Pontal é o mais importante museu de arte popular do Brasil. Em seu acervo, há mais de 8 mil peças – bonecos, esculturas, modelagens etc. – de artistas como Mestre Vitalino, Zé Caboclo e Manuel Eudócio. Mais informações em: <www.museucasadopontal.com.br>. Acesso em: 12 jun. 2019.

- De quais dessas brincadeiras você gosta? Por quê?
- Você sabe do que as crianças estão brincando? Comente o que sabe com os colegas.
- Você conhece um adulto que exerça alguma dessas profissões? Conte quem é e o que sabe do trabalho dele.

Coisa de criança

O professor entregará uma folha de papel em branco a cada aluno. Você deverá fazer um desenho que responda à seguinte pergunta: O que é coisa de criança?

Cada um criará um desenho e o deixará bem colorido. No final, você deve explicar seu desenho para a turma. Depois disso, ajude o professor a organizar um mural com os trabalhos.

1. Você já viu alguma criança trabalhando? Conte como foi.

2. E uma cartilha educativa, já viu ou usou alguma? Converse a respeito com os colegas.

3. O texto a seguir faz parte de uma cartilha educativa sobre trabalho infantil distribuída pelo governo federal. O que será que há nela?

Texto 1 — Cartilha educativa

O TRABALHO É PROIBIDO ATÉ QUE SE COMPLETE 16 ANOS DE IDADE.

Exceção: a partir dos quatorze anos, é permitido o trabalho como aprendiz.

Aprendiz é o empregado com um contrato de trabalho especial e com direitos trabalhistas e previdenciários garantidos. Parte do seu tempo de trabalho é dedicada a um curso de aprendizagem profissional e outra é dedicada a aprender e praticar no local de trabalho aquilo que foi ensinado nesse curso.

Os adolescentes, na faixa etária entre 16 e 18 anos, podem trabalhar, mas com restrições: o trabalho não pode ser noturno, perigoso, insalubre, penoso, realizado em locais prejudiciais à sua formação e ao seu desenvolvimento físico, psíquico, moral e social, nem realizado em horários e locais que não permitam a frequência à escola.

5

PARA ENTENDER DEFINITIVAMENTE A QUESTÃO E SABER O QUE FAZER

É claro que toda criança deve ser ensinada sobre o que é dever e o que são obrigações.
É claro, também, que a criança pode ajudar pai e mãe em casa, pode participar de alguns afazeres domésticos, deve aprender a importância do trabalho na vida e, finalmente, pode brincar todo o tempo que quiser, contanto que nada disso retire o tempo do estudo.

Mas nenhum adulto tem o direito de usar em seu benefício nem no de sua família qualquer vantagem que se possa ganhar com o trabalho infantil. Sobrecarregar a criança com tarefas do lar, como prioridade da sua atividade, é uma das piores formas de explorar o trabalho de crianças, seja este trabalho pago ou não, seja ele para a própria família ou para outras pessoas.

Imagens: Ziraldo/Ministério do Trabalho

Brasil. Ministério do Trabalho e Emprego (MTE). *Saiba tudo sobre o trabalho infantil*. Brasília, 2008. p. 1, 5 e 12-13.

Estudo do texto

1 Observe a imagem menor, que é capa da cartilha.
   a) Circule o título dela.
   b) Pelo título, do que trata o texto da cartilha?
   _____

2 Na capa há um balão de fala acima da cabeça do menino.
   a) O que está escrito nesse balão?
   _____

   b) O que significa a palavra "exploração"?
   _____
   _____

   c) Você sabe o que significa o termo "mão de obra"? Explique.
   _____
   _____

3 De acordo com a página 5 da cartilha, a partir de que idade uma pessoa pode começar a trabalhar? Como deve ser esse trabalho?
   _____
   _____
   _____
   _____

4 No trecho "[...] o trabalho não pode ser noturno, perigoso, **insalubre**, penoso [...]", a palavra destacada pode ser substituída pela seguinte expressão:
   ☐ que faz bem para a saúde.
   ☐ que não é bom para a saúde.
   ☐ que é facilmente curável.

5 Marque a alternativa correta sobre o objetivo do texto.

☐ Proibir que adolescentes trabalhem.

☐ Esclarecer o que é o trabalho infantil para combatê-lo.

> Os objetivos das **cartilhas educativas** são **instruir** o leitor e **difundir conhecimento** sobre determinado assunto. A linguagem é objetiva, com parágrafos mais curtos, para facilitar a leitura e a compreensão da mensagem. Além disso, emprega imagens e diversos recursos visuais.

6 Segundo a cartilha educativa, o que as crianças podem fazer?

_____
_____
_____
_____

7 Quando as tarefas do lar realizadas por uma criança se tornam uma forma de exploração?

_____
_____
_____
_____

8 Marque as afirmativas corretas sobre o texto da cartilha.

☐ O texto informa a idade com que uma pessoa pode começar a trabalhar.

☐ A criança que trabalha fora de casa não precisa frequentar a escola.

☐ O texto explica o que é um aprendiz e a que condições ele não pode ser exposto.

9 Em sua opinião, é correto que crianças executem trabalhos de adultos? Por quê?

10 Que atividades são importantes para crianças e jovens até 16 anos?

Estudo da língua

Pronomes e organização do texto

1 Releia o trecho a seguir.

> Mas nenhum adulto tem o direito de usar em <u>seu</u> benefício nem no de <u>sua</u> família qualquer vantagem que se possa ganhar com o trabalho infantil.

a) Como as palavras destacadas podem ser classificadas?

☐ Artigos.

☐ Pronomes possessivos.

☐ Substantivos.

b) Os vocábulos "benefício" e "família" estão relacionados a que palavra?

☐ Adulto.

☐ Direito.

☐ Nenhum.

c) As palavras **seu** e **sua** foram usadas para:

☐ deixar o texto mais interessante.

☐ retomar palavras ditas anteriormente.

☐ esclarecer uma informação.

> Algumas palavras são usadas para deixar o texto mais organizado. No exemplo: "O **trabalho infantil é proibido**, pois **ele** pode prejudicar o desenvolvimento da criança", a palavra **ele** foi usada para evitar a repetição de **trabalho infantil**.

227

2 Releia mais um trecho retirado do **Texto 1**.

> Aprendiz é o empregado com um contrato de trabalho especial e com direitos trabalhistas e previdenciários garantidos. Parte do <u>seu</u> tempo de trabalho é dedicada a um curso de aprendizagem profissional e outra é dedicada a aprender e praticar no local de trabalho aquilo que foi ensinado <u>nesse</u> curso.

Ziraldo/Ministério do Trabalho

a) Ao dizer "seu tempo", a quem o autor se refere?
_____

b) A palavra "nesse" evita a repetição de quais outras?
_____

3 Reescreva as frases evitando a repetição de palavras. Para isso, utilize os pronomes do quadro e faça as modificações necessárias.

ela   essa   ela

a) Toda vez que uma criança é forçada a trabalhar, a criança perde parte de sua infância.
_____
_____

b) O trabalho infantil prejudica o crescimento de uma criança, pois o trabalho infantil é uma atividade que exige muita força.
_____
_____

c) Criança não pode trabalhar, diz a lei; a lei é bem clara nesse sentido.
_____
_____

> Os **pronomes** ajudam a evitar repetições, a tornar o texto mais organizado e a deixar mais clara a mensagem que se pretende transmitir.

Texto 2 — Artigo de opinião

1. Com que atividades as crianças devem se ocupar enquanto estão em fase de desenvolvimento e crescimento?

2. Que consequências o trabalho infantil pode causar?

No artigo de opinião a seguir, o autor demonstrará o que pensa sobre o tema.

Por que criança não pode trabalhar?

HELIO MATTAR
ESPECIAL PARA A FOLHINHA

Criança não pode trabalhar por um motivo simples: porque ela está muito ocupada sendo criança. Ser criança é ter a liberdade de fazer uma porção de coisas: ir à escola, brincar, ler, praticar esportes, conviver com outras crianças. Ser criança é ser livre para inventar brincadeiras, fazer descobertas e, aos pouquinhos, aprender a ler o mundo.

Quando uma criança trabalha, não sobra tempo para brincar e estudar. As crianças que trabalham, ao invés de papel e lápis, usam enxadas e pás. Em vez de conviver com outras crianças na sala de aula, elas passam o dia cercadas de adultos, suando a camisa em lavouras, em carvoarias, em lares de estranhos, em lixões e nas ruas.

[...]

Muitas vezes essas crianças se machucam trabalhando. Algumas carregam objetos ou sacos pesados, que lhes dão dores nos braços e nas costas. Outras se queimam, se cortam, ficam doentes. Para elas, a liberdade de brincar, estudar e jogar é somente um sonho enquanto descansam para mais um dia de trabalho...

Para garantir todas essas liberdades foram criados os direitos da criança. No Brasil, esses direitos estão na lei: eles compõem o Estatuto da Criança e do Adolescente (ECA). Segundo o ECA, toda criança tem direito à vida e à saúde, à liberdade e à dignidade, à convivência com a família, à educação, ao lazer e a muitas outras coisas.

O ECA diz com todas as letras: abaixo dos 16 anos, é proibido trabalhar. Mas estar escrito na lei não é suficiente. É preciso que os governos, as famílias e as empresas estejam atentos e prontos a ajudar as crianças que trabalham, tirando-as dessas atividades, garantindo que elas possam estudar e ajudando suas famílias a acolhê-las com dignidade e carinho.

HELIO MATTAR é diretor-presidente da Fundação Abrinq pelos Direitos da Criança e do Adolescente e presidente do Instituto Akatu.

Helio Mattar. Por que criança não pode trabalhar? *Folha de S.Paulo*, São Paulo, 2 mar. 2002. Folhinha, p. F2. Folhapress.

Estudo do texto

1 Do que trata o texto que você acabou de ler?

2 No título do texto, o autor faz uma pergunta. Que resposta você daria a ela?

_____
_____
_____

3 No primeiro parágrafo, o autor cita algumas "ocupações" para as crianças. Quais delas você faz quando não está na escola?

4 No final do primeiro parágrafo, o autor afirma que a criança precisa "aprender a ler o mundo". O que isso significa?

_____
_____
_____

5 A pessoa que escreve um artigo de opinião pode ser chamada de articulista. Circule no texto o nome do articulista que escreveu o artigo lido.

6 No início do **Texto 2**, o autor já indica qual é o ponto de vista dele. Volte ao texto e sublinhe a frase que contém a opinião do articulista.

7 De acordo com o autor, quando uma criança trabalha, o que acontece?

_____
_____
_____

> Ao escrever um **artigo de opinião**, o autor precisa mostrar o que pensa sobre determinado assunto. Para isso, ele usa argumentos, que são as razões pelas quais ele defende seu ponto de vista.

8 Um dos argumentos que Helio Mattar usou para embasar sua opinião foi o Estatuto da Criança e do Adolescente (ECA).

a) O que você conhece sobre o ECA?

_____

_____

b) Por que o autor recorreu a esse documento?

_____

_____

_____

c) Em sua opinião, o ECA é importante? Por quê?

_____

_____

9 Releia um trecho do último parágrafo para responder às questões.

É preciso que os governos, as famílias e as empresas estejam atentos e prontos a ajudar as crianças que trabalham, tirando-as dessas atividades, garantindo que elas possam estudar e ajudando suas famílias a acolhê-las com dignidade e carinho.

a) Que solução o autor sugeriu para o problema abordado no artigo de opinião?

_____

_____

_____

b) Você concorda com a solução proposta pelo autor do texto? Por quê?

_____

_____

_____

_____

> O artigo de opinião pode ser finalizado de várias maneiras. Uma delas é por meio de uma proposta de **solução** para o problema abordado.

10 O cartaz ao lado é parte de uma campanha do Tribunal Superior do Trabalho (TST) para combater o trabalho infantil. Leia-o com atenção para responder às questões.

a) O que está retratado na imagem?

b) De acordo com o cartaz, no Brasil quantas crianças e jovens trabalham?

c) Qual é o objetivo do cartaz?

d) Qual é o significado da frase "Trabalho infantil: Você não vê, mas existe"?

Disponível em: <www.tst.jus.br/web/combatetrabalhoinfantil/campanha>. Acesso em: 29 abr. 2019.

11 O que há em comum entre o cartaz da atividade 10 e o artigo de opinião estudado? Marque a resposta correta.

☐ Nos dois, fala-se de crianças que brincam.

☐ Os dois tratam de trabalho infantil.

12 O artigo de opinião começa apresentando um fato que poderia ser ilustrado pelo cartaz. Que frase do artigo mostra isso?

Aí vem história

Na página 262, você conhecerá um pouco da história de Malala Yousafzai, uma menina paquistanesa que há muitos anos luta para que crianças, especialmente meninas, possam estudar.

Produção de texto

Artigo de opinião

Você escreverá um artigo de opinião sobre a atuação de crianças em novelas, filmes e nos esportes, e os leitores serão os colegas da turma. O professor organizará um mural com as produções.

Planejamento

Pense a respeito do assunto para formar sua opinião sobre ele. Você pode dizer, por exemplo, se acha que a atuação de atores e atrizes mirins é trabalho infantil ou não, se você é a favor ou contra que crianças desempenhem essa função etc.

Depois, é preciso embasar sua opinião, ou seja, você terá de apresentar argumentos. Pense, também, na estrutura do texto, que deve ter introdução, desenvolvimento e conclusão.

Primeira versão

É hora de escrever a primeira versão de seu artigo! Organize o texto em parágrafos e, no final, coloque seu nome. Você deve também dar um título bem curto e claro ao texto.

Revisão do texto

Depois de ter escrito o texto, verifique se ele atende às seguintes questões:
- Há uma opinião sobre o tema e argumentos para embasá-la?
- A conclusão ficou clara?
- Há um título?
- Você fez parágrafos para organizá-lo?
- Você empregou sinais de pontuação?
- As palavras estão escritas corretamente?

Versão final

Depois de feita a revisão e realizadas todas as alterações necessárias, passe seu texto a limpo em uma folha avulsa e entregue-o ao professor.

Estudo da escrita

Mais e mas

1 Releia o trecho a seguir, retirado do cartaz reproduzido na página 232.

> Mais de 3 milhões de crianças e jovens entre 5 e 17 anos trabalham no Brasil. A maioria em formas degradantes de trabalho.
>
> Tribunal Superior do Trabalho

a) Explique, com suas palavras, o sentido da frase: "A maioria em formas degradantes de trabalho".

b) Antes da frase do item **a** há um ponto final. Se houvesse uma vírgula no lugar dele, o efeito de sentido seria o mesmo? Por quê?

c) Que palavras poderiam substituir "degradantes" sem modificar o sentido da frase?

☐ Diferentes e ideais.

☐ Humilhantes e desgastantes.

☐ Irritantes e desagradáveis.

d) O que significa dizer "mais de 3 milhões de crianças e jovens"?

_____

_____

e) Troque a palavra "mais" por **acima de** e reescreva a primeira frase.

_____

_____

f) Com as respostas que você deu nos itens **d** e **e**, ainda seria possível compreender a mensagem do cartaz? Explique.

_____

_____

_____

2 Agora releia o trecho a seguir, retirado do **Texto 2**.

> O ECA diz com todas as letras: abaixo dos 16 anos, é proibido trabalhar. **Mas** estar escrito na lei não é suficiente.

a) O que autor quer dizer com a expressão "com todas as letras"?

b) Por que estar escrito na lei "não é suficiente", como afirma o autor?

c) A ideia transmitida na primeira frase do trecho é igual à da segunda parte? Explique.

d) Escolha uma das palavras a seguir para substituir a palavra destacada. Depois reescreva a segunda parte do trecho.

- ☐ porém
- ☐ assim
- ☐ mais

_____

_____

e) Após a reescrita, o trecho do texto manteve o mesmo sentido? Explique.

_____

_____

3 Agora complete as frases com **mais** ou **mas**.

a) A palavra _____ indica uma ideia oposta ao que veio antes.

b) A palavra _____ indica "acima de", "em maior quantidade".

> **Mas** e **mais** são palavras bem parecidas, especialmente na pronúncia. No entanto, elas têm sentidos distintos. Se uma for usada no lugar da outra, a mensagem ficará totalmente diferente do que se pretendia transmitir.

Como eu vejo

Uma sala de aula diferente

Como é sua sala de aula? Está dentro de uma escola? Ela tem janela, porta, lousa, carteiras e cadeiras? Pois saiba que nem todas as salas de aula são assim.

No Paquistão, um bombeiro resolveu fazer uma sala de aula ao ar livre. Ao ver que havia muitas crianças que não iam à escola porque eram pobres, Mohamed Ayoub decidiu dar aulas de graça para elas em um parque. Ele faz isso há mais de 30 anos.

Mohamed Ayoub dá aulas para mais de 200 crianças em um parque da cidade de Islamabad, no Paquistão. Todos os dias, antes das aulas, as crianças trazem para o parque pedras e tijolos que coletam na rua. Com isso, elas esperam, no futuro, conseguir construir uma escola de verdade, com salas de aula e computadores.

Número de crianças e jovens que estão fora da escola em todo o mundo

Segundo dados divulgados em 2016 pela Organização das Nações Unidas para a Educação, a Ciência e a Cultura – Unesco.

Estimativa de crianças em idade escolar que nunca terão chance de aprender a ler e escrever

10 milhões Meninos   15 milhões Meninas

Além da pobreza, os conflitos armados também dificultam o acesso dos jovens à educação. Muitos deles não podem estudar porque moram em países envolvidos com guerra.

Malala Yousafzai virou um símbolo da luta pela educação. Mas ela não está sozinha: há muitas outras meninas e mulheres que batalham pelo direito de todas as crianças à educação. Faça uma pesquisa sobre uma delas e registre o que descobrir.

_____
_____
_____
_____
_____
_____
_____

E como é no Brasil?
Segundo dados do Censo Escolar de 2016

Total de alunos matriculados na educação básica
48,8 milhões

Crianças e jovens que ainda estão fora da escola
2,8 milhões

Total de escolas no país
186 mil

No Brasil, a lei determina que todos devem receber educação gratuita dos 4 aos 17 anos. A educação básica gratuita deve atender até mesmo quem não pôde começar a estudar quando era criança ou não conseguiu terminar os estudos.

1. Em sua opinião, como seria a sala de aula ideal? Onde estaria localizada? Que elementos teria? Em uma folha de papel avulsa, desenhe a sala de aula de seus sonhos e explique para a turma.

2. Você conhece crianças que não frequentam escola? Por que isso acontece? Converse com os colegas.

Fontes: <www.dw.com/en/pakistani-gives-street-kids-the-gift-of-education/a-17613287>; <https://interactive.aljazeera.com/aje/shorts/pakistan-children-education/>; <http://news.trust.org//slideshow/?id=1590ef6d-7f1f-4b52-ac28-17b7a4aca892>; <http://uis.unesco.org/en/news/263-million-children-and-youth-are-out-school>; <http://download.inep.gov.br/educacao_basica/censo_escolar/notas_estatisticas/2017/notas_estatisticas_censo_escolar_da_educacao_basica_2016.pdf>; <www.planalto.gov.br/ccivil_03/leis/L9394.htm>. Acesso em: 29 abr. 2017.

Como eu transformo

Educação é um direito de todos

 História   Arte   Geografia

O que vamos fazer?

Um painel informativo sobre o número de crianças brasileiras fora da escola.

Para que fazer?

Para saber mais da realidade escolar brasileira e pensar em mudanças.

Com quem fazer?

Com os colegas e o professor.

Como fazer?

1. Reúna-se com mais dois colegas e procurem informações sobre o número de crianças fora da escola na região em que vocês moram, bem como sobre o direito à educação.

2. O professor irá entregar o nome de um estado brasileiro. Pesquisem informações sobre o número de crianças fora da escola nesse estado e anotem as informações.

3. Escolham uma imagem que represente o estado pesquisado para colocar no painel.

4. Compartilhem com a turma as informações e imagens que selecionaram e conversem a respeito do tema, sempre tendo em vista os principais motivos que levam uma criança a ficar fora da escola.

5. Juntos, escrevam no painel os números pesquisados e as hipóteses que o grupo pensou para tal situação. Não se esqueçam de colar as imagens selecionadas de cada estado.

6. Conversem com o professor e com os colegas sobre possíveis formas de modificação e melhoria do cenário que acabaram de ilustrar no painel.

Como foi sua participação nesta atividade? Por quê?

Debate

Você e os colegas participarão de um debate sobre a atuação de crianças em novelas, filmes e nos esportes. O professor organizará a turma em grupos. Cada grupo defenderá sua opinião e tentará convencer o outro com argumentos.

O grupo terá um limite de tempo para falar, fazer perguntas e responder a perguntas feitas pelos colegas.

Depois que for definida a posição que cada grupo defenderá, vocês devem:

- retomar a pesquisa para produzir o texto escrito;
- conversar com outras pessoas para saber o que elas pensam a respeito;
- escrever no caderno os argumentos que selecionaram para apresentar no debate.

Realização do debate

- Haverá um moderador: a pessoa que controla as intervenções durante o debate.
- Lembre-se de que em um debate é necessário tomar cuidado com o modo de falar: evite o uso de gírias e expressões, como "né", "tipo", "daí", "aí", entre outras.
- O objetivo desse debate é convencer os demais colegas do ponto de vista do grupo. Para isso, use um tom de voz firme e apresente bons argumentos.

Avaliação do debate

Ao final, o professor promoverá uma conversa para que vocês analisem o desenvolvimento do debate. Reflita sobre as questões a seguir.

- Os grupos se prepararam para o debate? Os argumentos foram bem elaborados e organizados?
- Os grupos apresentaram argumentos convincentes?
- Os alunos que falaram conseguiram transmitir a mensagem que pretendiam de forma clara?
- Os grupos registraram por escrito os argumentos e as ideias que defenderam?
- Como vocês se sentiram durante as falas? Foi fácil ou difícil? Ficaram à vontade ou envergonhados?

Ouça com atenção as impressões dos colegas e compartilhe as suas. Assim, você aperfeiçoará cada vez mais seu desempenho!

Revendo o que aprendi

1 Leia o texto a seguir e responda às questões.

Trabalho infantil compromete 5,4 milhões de crianças e jovens

Quase a metade nem é remunerada pelas atividades que exerce

SABRINA PETRY

DA SUCURSAL DO RIO

O trabalho infantil, um dos mais graves problemas sociais do Brasil, diminuiu na última década, mas ainda compromete o desenvolvimento de 12,7% (em 2001) das pessoas na faixa etária entre 5 e 17 anos. Em 1992, eles eram 19,6%. Em termos populacionais, significa que 5,4 milhões de garotos e garotas exercem algum tipo de atividade produtiva, remunerada ou não.

Para quem não sabe, a lei brasileira não permite o trabalho para menores de 14 anos e só admite que as pessoas de 14 a 16 anos sejam empregadas como aprendizes.

[...]

Além da injustiça social de exploração dessa mão de obra, agravada pela ausência de remuneração, o trabalho infantil traz uma consequência funesta: o afastamento da escola.

Os dados apontam que, entre crianças e adolescentes que trabalham, 80,3% frequentam a escola, enquanto essa taxa chega a 91,1% quando se trata daqueles que não são obrigados a trabalhar.

Sabrina Petry. Trabalho infantil compromete 5,4 milhões de crianças e jovens. *Folha de S.Paulo*, São Paulo, 21 abr. 2003. Folhateen, p. 11. Disponível em: <www1.folha.uol.com.br/fsp/folhatee/fm2104200324.htm>. Acesso em: 29 abr. 2019.

Glossário

Funesto: que causa dano, grave, prejudicial.

a) Quem é o autor do texto e onde foi publicado?

_____

_____

_____

b) Qual é o assunto do texto?

c) Qual é a opinião da autora sobre o tema?

d) Que argumentos a autora utilizou no 2º e 3º parágrafos para defender sua opinião?

e) Em que parágrafo está a conclusão da autora?

2 Releia o trecho a seguir e faça o que se pede.

> www1.folha.uol.com.br/fsp/folhatee/fm2104200324.htm
>
> O trabalho infantil, um dos **mais** graves problemas sociais do Brasil, diminuiu na última década, **mas** ainda compromete o desenvolvimento de 12,7% (em 2001) das pessoas na faixa etária entre 5 e 17 anos. [...]

a) Esse trecho corresponde a que parte do texto? Marque a alternativa correta.

☐ Corresponde ao argumento, pois tem vários números que comprovam a opinião da autora.

☐ Corresponde ao final do texto e mostra a conclusão da autora.

☐ Corresponde à apresentação do tema que será desenvolvido ao longo do texto.

b) Na primeira parte do trecho, após a segunda vírgula, a autora admite que o trabalho infantil diminuiu nos últimos dez anos. Já depois da terceira vírgula, ela fala que o trabalho infantil atrapalha a vida de um número grande de pessoas. Que palavra liga essas duas ideias?

c) As palavras destacadas têm a mesma função no texto? Explique.

_____

_____

d) Ao afirmar que o trabalho infantil é "um dos **mais** graves problemas sociais do Brasil", a autora quer dizer que:

☐ não existe nada mais grave do que o trabalho infantil.

☐ é um problema tão grave quanto outros no Brasil.

3 A frase "um dos mais graves problemas sociais do Brasil" está relacionada a outra ideia apresentada antes.

a) Que palavra inicia essa retomada?

_____

b) Qual é a ideia retomada?

_____

4 Releia o trecho a seguir para responder às questões.

> www1.folha.uol.com.br/fsp/folhatee/fm2104200324.htm
>
> Os dados apontam que, entre crianças e adolescentes que trabalham, 80,3% frequentam a escola, enquanto essa taxa chega a 91,1% quando se trata **daqueles** que não são obrigados a trabalhar.

a) A quem a palavra destacada faz referência?

_____

_____

b) No trecho "essa taxa chega a 91,1%", a qual taxa a palavra "essa" se refere?

_____

_____

Para ir mais longe

Livros

- **Você não vem brincar?**, de Ilan Brenman. São Paulo: Editora Brinque-Book, 2016.

  Pedro é um menino que adora se divertir com seus brinquedos eletrônicos. Mas será que dá para comparar os jogos virtuais com o ato de brincar?

- **BrincRIar**, de Dilan Camargo. Poá: Editora Projeto, 2007.

  O autor convida os leitores mirins a brincar, a rir e a criar com sua poesia. As brincadeiras do poeta Dilan Camargo ficam ainda mais divertidas com as ilustrações de João Caré.

- **Superligado**, de Cassiana Pizaia, Rima Awada e Rosi Vilas Boas. São Paulo: Editora do Brasil, 2016.

  Um menino vive ligado em equipamentos eletrônicos e desligado das pessoas e do mundo a sua volta. Ele nem notou quando começou a perder brincadeiras e momentos em família. Quando percebeu, parecia ser tarde demais.

Filmes

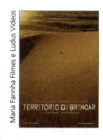

- **Território do brincar**. Direção de David Reeks e Renata Meirelles. Brasil: Maria Farinha Filmes, 2015, 80 minutos.

  O filme retrata brincadeiras infantis em diferentes estados brasileiros e mostra a importância do ato de brincar. A produção, que faz parte de um projeto de pesquisa, é resultado do registro de 21 meses de viagem, em que foram filmadas diversas crianças e realidades.

- **Tarja branca, a revolução que faltava**. Direção de Estela Renner, Marcos Bessa Nisti e Luana Lobo. Brasil: Maria Farinha Filmes, 2014, 80 minutos.

  O documentário mostra o ato de brincar como algo fundamental não apenas na infância mas também na fase adulta. Ele explora, por meio de depoimentos, a importância dessa prática em todas as fases da vida.

Aí vem história - Textos

Unidade 1

Viagens de Gulliver

Terceira parte – Viagem à Ilha Voadora e outros lugares

1. A Ilha Voadora

Apenas dez dias depois do desembarque, fui procurado por um amigo, o capitão William Robinson. Ele queria que eu me tornasse médico de seu navio, o *Boa Esperança*.

Apesar dos insistentes pedidos e das exigências de minha mulher, não resisti ao desejo de viajar novamente. Em 5 de agosto de 1706, partimos para o Oriente, aportando na China em abril do ano seguinte. Concluídos os negócios nesse grande país, rumamos para o Japão.

Um forte vento nos desviou do caminho e, quando estávamos a 46 graus de latitude norte e 177 de longitude leste, fomos atacados por piratas japoneses. Para minha surpresa, entre os chefes havia um holandês, que era justamente um dos bandidos mais cruéis. [...]

Ele ficou tão irritado comigo que convenceu todos a me darem o castigo de ser abandonado à própria sorte: fui deixado sozinho numa pequena canoa a vela, em pleno alto-mar, com mantimentos para quatro dias.

No quinto dia, tendo economizado ao máximo as provisões, cheguei a uma ilha bastante rochosa. Comi os ovos de aves que encontrei ali e preparei uma cama com capim seco numa gruta.

No dia seguinte, quando me levantei, enxerguei um grande objeto que se movia no céu, na frente do Sol. O tal objeto, que era achatado por baixo, pousou a uns dois quilômetros de onde eu estava. Peguei minha luneta no bolso e pude ver claramente por ela que várias pessoas desciam por rampas colocadas nas beiradas daquele corpo estranho, que continuava a uma pequena altura do solo.

Pensando em conseguir ajuda para sair daquele lugar isolado, procurei me aproximar, apesar de sentir um certo receio. As pessoas logo perceberam a minha presença e disseram algumas palavras numa língua cheia de vogais, que não entendi. Então, baixaram uma corrente com um assento na ponta, fazendo-me sinais para subir. Sentei-me nele e, imediatamente, fui puxado para cima.

Assim que pus os pés novamente no chão, fui cercado pelos habitantes da Ilha Voadora, que eram muito estranhos. A maioria deles tinha a cabeça inclinada para um dos lados e um dos olhos virado para o nariz, enquanto o outro olhava para as nuvens no céu. As roupas deles tinham desenhos e enfeites em forma de Sol, Lua, estrelas e instrumentos musicais.

Alguns dos habitantes da ilha, que tinham aparência normal e vestiam roupas mais simples, tinham uma bexiga cheia de ar na mão e batiam com ela, de vez em quando, na cabeça dos outros. Logo percebi que os primeiros estavam sempre absortos em profundas reflexões, perdendo o contato com o que acontecia em redor a cada momento. Os outros, com as bexigas nas mãos, serviam para chamá-los de volta à realidade.

Com o tempo, percebi que, nas ocasiões em que dois ou três dos "distraídos" se encontravam para conversar, os outros – que eram empregados deles – batiam com a bexiga nos ouvidos de cada um quando alguém falava, para que prestassem atenção ao que era dito. Além disso, quando saíam a passeio, os toques com a bexiga serviam de aviso para que a pessoa não caísse num buraco ou batesse com a cabeça num poste que estivesse à sua frente.

Fui levado diante do rei, que já tinha sido prevenido de minha chegada. Ele estava rodeado de instrumentos científicos e não me deu a mínima atenção. Foi preciso que batessem com a bexiga em seu ouvido e em sua boca para que ele me notasse. O rei estremeceu como quem acorda de um sonho e disse algumas palavras. Imediatamente, senti que batiam em minha orelha com uma bexiga, mas fiz ver, por sinais, que não seria necessário fazerem aquilo comigo.

[...]

Jonathan Swift. *Viagens de Gulliver*. São Paulo: DCL, 2012. p. 9-10, 50-54.

Glossário

Alto-mar: região do mar que fica afastada da terra.
Latitude: distância que separa a linha do Equador de qualquer ponto da Terra.
Longitude: distância que separa qualquer ponto do globo terrestre de uma linha imaginária que vai de um polo a outro, o Meridiano de Greenwich.
Mantimento: conjunto de alimentos que a pessoa come.

Unidade 2

A lenda da mandioca: lenda dos índios tupi

Nasceu uma indiazinha linda e a mãe e o pai tupis espantaram-se:
– Como é branquinha esta criança!
E era mesmo. Perto dos outros curumins da taba, parecia um raiozinho de Lua. Chamaram-na Mani. Mani era linda, silenciosa e quieta. Comia pouco e pouco bebia. Os pais preocupavam-se.
– Vá brincar, Mani, dizia o pai.
– Coma um pouco mais, dizia a mãe.
Mas a menina continuava quieta, cheia de sonhos na cabecinha. Mani parecia esconder um mistério. Uma bela manhã, não se levantou da rede. O pajé foi chamado. Deu ervas e bebidas à menina. Mas não atinava com o que tinha Mani. Toda a tribo andava triste. Mas, deitada em sua rede, Mani sorria, sem doença e sem dor.
E sorrindo, Mani morreu. Os pais a enterraram dentro da própria oca. E regavam sua cova todos os dias, como era costume entre os índios tupis. Regavam com lágrimas de saudade. Um dia perceberam que do túmulo de Mani rompia uma plantinha verde e viçosa.
– Que planta será esta? Perguntaram, admirados. Ninguém a conhecia.
– É melhor deixá-la crescer, resolveram os índios.
E continuaram a regar o brotinho mimoso. A planta desconhecida crescia depressa. Poucas luas se passaram e ela estava altinha, com um caule forte, que até fazia a terra se rachar em torno.
– A terra parece fendida, comentou a mãe de Mani.
– Vamos cavar?

E foi o que fizeram. Cavaram pouco e, à flor da terra, viram umas raízes grossas e morenas, quase da cor dos curumins, nome que dão aos meninos índios. Mas, sob a casquinha marrom, lá estava a polpa branquinha, quase da cor de Mani. Da oca de terra de Mani surgia uma nova planta!

– Vamos chamá-la Mani-oca, resolveram os índios.

– E, para não deixar que se perca, vamos transformar a planta em alimento!

Assim fizeram! Depois, fincando outros ramos no chão, fizeram a primeira plantação de mandioca. E até hoje entre os índios do Norte e Centro do Brasil é este um alimento muito importante.

E, em todo Brasil, quem não gosta da plantinha misteriosa que surgiu na casa de Mani?

Maria Thereza Cunha de Giacomo (adaptação). *A lenda da mandioca: lenda dos índios tupi*. São Paulo: Melhoramentos, 1977. (Col. A Lenda da Mandioca, v. 7). Disponível em: <www.macvirtual.usp.br/mac/templates/projetos/jogo/lenda.asp>. Acesso em: 12 jun. 2017.

Glossário

Atinar: descobrir por observação.
Fenda: abertura estreita e comprida.
Fincar: enterrar.
Mimoso: delicado.
Romper: surgir.
Taba: aldeia indígena.

Unidade 3

Ananse vira dono das histórias

Apenas uma coisa preocupava Ananse: como ele seria lembrado quando morresse! Seria bom poder deixar uma reputação. Seria bom poder ser lembrado entre os grandes e cantado como herói.

Mas Ananse não dispunha de bravura militar, força assombrosa e sábios provérbios. Tinha apenas sua astúcia. Ele vivia de sua astúcia.

"Seria bom", pensou, "se todas as histórias me pertencessem".

– "As histórias de Ananse" – ele proferiu, em voz alta, e achou que soava bem. Todos se lembrariam dele quando passassem as noites contando histórias.

Ananse não perdeu tempo vangloriando-se do título. Mas, quando o rei das florestas ouviu falar daquilo, disse a Ananse:

– Nomes grandiosos são dados àqueles que empreendem grandes façanhas. O que você fez para merecer tal honra?

– Submeta-me a uma prova, grande rei, e descobrirá que não mereço menos – respondeu Ananse, sem se deixar perturbar.

– Até hoje ninguém capturou, com vida, três coisas: *Wowa*, a família inteira de abelhas melíferas; *Aboatia*, da floresta de gnomos; e *Nanka*, a píton. Realize esse feito e as histórias serão suas.

– Estou à sua disposição, majestade – respondeu Ananse. – Embora seja pequeno, aprendi a descobrir as fraquezas dos grandes. Em três dias, terá prova de minha superioridade.

Ananse passou a noite seguinte planejando suas conquistas e, de manhã cedo, iniciou sua jornada.

Todo mundo sabe como as abelhas são ocupadas e como ficam zangadas quando as perturbamos e como aferroam quando as aborrecemos. Ananse levou isso em consideração quando se aventurou até a colmeia.

– Deve existir muitas de vocês por aqui – ele disse, como forma de saudação.

– Somos trezentas – respondeu a operária-chefe.

– O quê? – gritou Ananse. – Disse que são duzentas?

– Trezentas – repetiu a abelha.

– Oh. Ouvi dizer que eram duzentas, na semana passada – mentiu Ananse. – Deve haver duzentas de vocês.

– Trezentas – zumbiu a operária-chefe, irritada.

– Duzentas – insistiu Ananse, em tom de desafio.

Em pouco tempo, muitas abelhas entraram na discussão e todas gritavam os números que haviam contado.

– Muito bem – bradou Ananse, calando o zumbido. – Para resolver essa questão de uma vez por todas, por que não me deixam contá-las?

A sugestão pareceu justa aos interessados. Ananse mostrou às abelhas uma garrafa e disse:

– Basta que voem, uma de cada vez, para dentro da garrafa, que eu as contarei.

A primeira foi a operária-chefe e, uma de cada vez, todas entraram na garrafa, até mesmo a rainha.

– Quantas somos? – indagaram as abelhas.

– Trezentas – respondeu Ananse, selando a boca da garrafa.

– Eu falei – disse a operária-chefe.

– Sim, mas agora capturei todas vocês! – disse Ananse. Embora zunissem com toda sua força, ele as carregou até sua casa.

[...]

O monarca ficou impressionado. Ele reconheceu a grandeza de Ananse e o consagrou como dono das histórias.

Até hoje, em todo lugar onde se contam histórias, o nome de Ananse é mencionado como o senhor das melhores narrativas.

Adwoa Badoe e Baba Wagué Diakité. *Histórias de Ananse*. São Paulo: SM, 2006. p. 33-35 e 37.
THE POT OF WISDOM: ANANSE STORIES Text copyright © 2001 by Adwoa Badoe. Illustrations copyright © 2001 by Baba Wagué Diakité. First published in Canada and the United States by Groundwood Books Ltd.

Glossário

Melífera: que produz mel.
Operário: inseto de uma colônia que trabalha e não se reproduz.
Píton: grande serpente.
Provérbio: frase que traz um ensinamento popular.
Vangloriar: envaidecer.

Unidade 4

Hora do banho

Entrar no banho, puxa vida,
é acabar com a brincadeira.

– Já pro banho, não enrola,
olha só quanta sujeira!

Todo dia isso acontece.
Minha mãe é mesmo fogo:
sempre fica me chamando
na melhor parte do jogo.

Eu subo pro banheiro,
de bico, e emburrado.
"Todo mundo está brincando,
e eu sozinho aqui, pelado."

Aí... eu entro no *box*,
e o burro fica de fora.
A água começa a cair
e me esqueço logo da hora.

Ajeito pra trás o cabelo
que o creme *rinse* alisou.
"Luzes, câmera, ação!
Vai começar o meu *show*!"

Seguro o chuveirinho
e canto um *rock* maneiro.
Só engasgo de vez em quando,
com a água que sai do chuveiro.

A plateia, entusiasmada,
aplaude e pede mais um.
Durante o bis vou lavando
a barriga, o pintinho, o bumbum.

A minha touca de plástico
me serve que nem uma luva.
Com ela, sei que sou um índio,
e invento uma dança da chuva.

"Mim ser o deus do trovão!
Querer cair tempestade.
Mim abrir a torneira,
E fazer chuva à vontade."

Quando vou me transformar
noutra coisa muito legal,
minha mãe bate na porta
com voz de ponto final:

– Sai do banho, anda logo.
Quer ficar a noite inteira?

Sair do banho, puxa vida,
é acabar com a brincadeira!

Cláudio Thebas. *Amigos do peito*. Belo Horizonte: Formato Editorial, 1996. p. 26-27.

Unidade 5

Benjamin

Meu nome não é Benjamin.

Os meus pais me deram um nome mais difícil de ser pronunciado.

Ninguém sabe pronunciá-lo. No começo não gostava nada desse nome, mas depois os meus pais começaram a me explicar onde tinham ouvido o som do que seria o meu nome, o porquê de me chamarem assim, as histórias, as lendas, as chuvas que estavam atrás de poucas letras. Não o ouviram na televisão nem no rádio. Leram nos livros. Os livros, sim, eles falavam claro (mais ou menos... porque não entendia muito deles).

Lembro-me que, quando íamos todos à casa da vovó, ficava sempre muito impressionado com uma gata cinzenta, que parecia inteligente e esperta. Ela também tinha um nome, mas, por quanto esteja me esforçando, não consigo lembrar. Essa gata me foi daninha: uma vez que me atrevi a cumprimentá-la mais de perto, olhando na sua cara suspeitosa e tristonha, me deixou asmático. E foi outro começo da minha vida. Ela não me arranhou. Só me disse com olhos soberanos que era seu território e eu estava fazendo uma invasão.

Haveria de responder com outras batalhas.

Mas eu nunca tinha ganas de guerrear. Nada disso. Eu gostava de calma, de paz, de canções de berço, que muito me encantavam. E depois, com essa asma, não se podia fazer nada. Nem jogo de futebol, nem jogo de polícia e ladrão, nem pular o carnaval. Qualquer movimento excitado do meu corpo tornava-se sempre um tremor por causa do ar que não entrava nos pulmões. Até certo tempo, dizia que era chato, bastante chato. Mas depois me acostumei.

Nada a fazer. O ar não entrava, não queria.

O dr. Caraluna [...] dizia à minha mãe:

– A senhora fique tranquila que, quando começar a desenhar, tudo vai passar.

Será? Eu esperava.

Não tenho problemas em esperar. Esperar faz adulto. A gente muda com "esperando". Gerúndio de paciência.

Chegaram vários verões, muito sol, muito mar... o ar gostava mais de entrar em mim, e eu dormia bastante bem, com as janelas entreabertas e o som do mar e do vento nas conchas marinhas, que era tudo uma beleza.

[...]

Biagio D'Angelo. *Benjamin: poema com desenhos e músicas*. São Paulo: Melhoramentos, 2011. p. 4-9.

Glossário

Asmático: quem tem asma, uma doença respiratória.
Daninho: que produz um mal, um dano.
Excitado: estimulado.
Gana: vontade forte de algo.
Suspeitoso: desconfiado.

Unidade 6

O pequeno príncipe

XXI

E foi então que apareceu a raposa:
– Bom dia – disse a raposa.
– Bom dia – respondeu educadamente o pequeno príncipe, que, olhando a sua volta, nada viu.
– Eu estou aqui – disse a voz –, debaixo da macieira...
– Quem és tu? – perguntou o principezinho. – Tu és bem bonita...
– Sou uma raposa – disse a raposa.
– Vem brincar comigo – propôs ele. – Estou tão triste...
– Eu não posso brincar contigo – disse a raposa. – Não me cativaram ainda.
– Ah! Desculpe – disse o principezinho.
Mas, após refletir, acrescentou:
– Que quer dizer "cativar"?
– Tu não és daqui – disse a raposa. – Que procuras?
– Procuro os homens – disse o pequeno príncipe. – Que quer dizer "cativar"?
– Os homens – disse a raposa – têm fuzis e caçam. É assustador! Criam galinhas também. É a única coisa que fazem de interessante. Tu procuras galinhas?
– Não – disse o príncipe. – Eu procuro amigos. Que quer dizer "cativar"?
– É algo quase sempre esquecido – disse a raposa. – Significa "criar laços"...
– Criar laços?

– Exatamente – disse a raposa. – Tu não és ainda para mim senão um garoto inteiramente igual a cem mil outros garotos. E eu não tenho necessidade de ti. E tu também não tens necessidade de mim. Não passo a teus olhos de uma raposa igual a cem mil outras raposas. Mas, se tu me cativas, nós teremos necessidade um do outro. Serás para mim único no mundo. E eu serei para ti única no mundo...

– Começo a compreender – disse o pequeno príncipe. – Existe uma flor... eu creio que ela me cativou...

– É possível – disse a raposa. – Vê-se tanta coisa na Terra...

– Oh! Não foi na Terra – disse o principezinho.

A raposa pareceu intrigada:

– Num outro planeta?

– Sim.

– Há caçadores nesse planeta?

– Não.

– Que bom! E galinhas?

– Também não.

– Nada é perfeito – suspirou a raposa.

Mas a raposa retomou o seu raciocínio.

– Minha vida é monótona. Eu caço as galinhas e os homens me caçam. Todas as galinhas se parecem e todos os homens se parecem também. E isso me incomoda um pouco. Mas, se tu me cativas, minha vida será como que cheia de sol. Conhecerei um barulho de passos que será diferente dos outros. Os outros passos me fazem entrar debaixo da terra. Os teus me chamarão para fora da toca, como se fosse música. E depois, olha! Vês, lá longe, os campos de trigo? Eu não como pão. O trigo para mim não vale nada. Os campos de trigo não me lembram coisa alguma. E isso é triste! Mas tu tens cabelos dourados. Então será maravilhoso quando me tiveres cativado.

O trigo, que é dourado, fará com que eu me lembre de ti. E eu amarei o barulho do vento no trigo...

A raposa calou-se e observou por muito tempo o príncipe:

– Por favor... cativa-me! – disse ela.

– Eu até gostaria – disse o principezinho –, mas eu não tenho muito tempo. Tenho amigos a descobrir e muitas coisas a conhecer.

– A gente só conhece bem as coisas que cativou – disse a raposa. – Os homens não têm mais tempo de conhecer coisa alguma. Compram tudo já pronto nas lojas. Mas, como não existem lojas de amigos, os homens não têm mais amigos. Se tu queres um amigo, cativa-me!

– Que é preciso fazer? – perguntou o pequeno príncipe.

– É preciso ser paciente – respondeu a raposa. – Tu te sentarás primeiro um pouco longe de mim, assim, na relva. Eu te olharei com o canto do olho e tu não dirás nada. A linguagem é uma fonte de mal-entendidos. Mas, cada dia, te sentarás mais perto...

No dia seguinte o principezinho voltou.

– Teria sido melhor se voltasses à mesma hora – disse a raposa. – Se tu vens, por exemplo, às quatro da tarde, desde as três eu começarei a ser feliz. Às quatro horas, então, estarei inquieta e agitada: descobrirei o preço da felicidade! Mas, se tu vens a qualquer momento, nunca saberei a hora de preparar meu coração... É preciso que haja um ritual.

– Que é um "ritual"? – perguntou o principezinho.

– É uma coisa muito esquecida também – disse a raposa. – É o que faz com que um dia seja diferente dos outros dias; uma hora, das outras horas. Os meus caçadores, por exemplo, adotam um ritual. Dançam na quinta-feira com as moças da aldeia. A quinta-feira é então o dia maravilhoso! Vou passear até a vinha. Se os caçadores dançassem em qualquer dia, os dias seriam todos iguais, e eu nunca teria férias!

Assim, o pequeno príncipe cativou a raposa. Mas, quando chegou a hora da partida, a raposa disse:

– Ah! Eu vou chorar.

– A culpa é tua – disse o principezinho. – Eu não queria te fazer mal; mas tu quiseste que eu te cativasse...

– Quis – disse a raposa.

– Mas tu vais chorar! – disse ele.

– Vou – disse a raposa.

– Então, não terás ganhado nada!

– Terei, sim – disse a raposa –, por causa da cor do trigo.

Depois ela acrescentou:

– Vais rever as rosas. Assim compreenderás que a tua é única no mundo. Tu voltarás para me dizer adeus, e eu te presentearei com um segredo.

[...]

Antoine de Saint-Exupéry. *O pequeno príncipe*. 49. ed. Rio de Janeiro: Nova Fronteira, 2015. p. 66-70, 72 e 74.

Glossário

Cativar: ganhar a simpatia ou o amor de alguém.

Relva: planta curta que cobre o solo.

Unidade 7

Com Zeus?

— Sairei a passear com Zeus...

O inocente pedaço de giz quebrou diante daquela frase e toda a concentração que consegui acumular, para dar uma boa aula, despencou do Olimpo. Fiz de conta que não ouvi nada e sentei próximo ao telefone. Peguei um jornal e acompanhei o resto da conversa:

— Zeus parece tão carente, ultimamente...

Suspeitas confirmadas. Aquela colega que desde sempre havia chamado a minha atenção, com o seu jeito um tanto distante e distraído, embora esbanjando muita fineza, não era deste território nem deste tempo. Ela sabia dirigir um "oi" misterioso para nós, colegas de ofício e de sacrifício, como se estivesse descendo de algum templo milenar e como se tivesse horário marcado para voltar.

Não é que um dia a vi passando batom de memória, assim, sem espelho?

— Como você faz isso? – perguntei.

Sem muita explicação, ela respondeu:

— Aprendi isso nas alturas. Lá não tem espelho.

Zeus...? Alturas...? As coisas começaram a ganhar sentido. Será que estou falando com a própria Atena dos olhos garços? Ou, quem sabe, com Ártemis, a deusa caçadora? Ou seria Afrodite, a deusa do amor?

Os fios do pensamento começaram a procurar tramas no mundo do mito grego que, como um pano delicado, estava sendo jogado, gratuitamente, à vista e aos ouvidos de todos. Consultei uma e outra colega a respeito das indagações e observo, para depois não dizerem que invento histórias.

Cátia comunica-se com Zeus? Será ela representante em linha direta de Atena, de Afrodite, de Ártemis? Colegas e mesmo funcionários passaram a observar melhor. Quando alguns começaram a duvidar da minha recente teoria olímpica, um colega, com a serenidade e a convicção que o caracterizam, confirmou:

Glossário

Olimpo: morada dos deuses gregos.
Garço: esverdeado.

— Sim, Zeus existe na vida de Cátia, observei isso no endereço de seu e-mail.

Fiquei aliviada com a confirmação. E achei muito romântico o gesto de colocar o nome do amado no endereço eletrônico.

No momento que eu recuperava leituras sobre a eternidade dos mitos, encontrei Cátia muito apressada no corredor da universidade. A pergunta saiu natural:

— Como vai Zeus?

— Ele está melhor, sairei para passear com ele neste final de semana — comentou com ar algo preocupado.

Fiquei com receio de continuar a conversa.

Confesso que sua atitude e o seu gesto altivo de deusa do Olimpo me deixaram um pouco inibida. Mas ainda ousei perguntar:

— Posso ir junto?

— Você????? — perguntou com tanto espanto que me senti a mais terrena das mortais.

A resposta demorou a chegar. Finalmente:

— Pode, sim, mas leve também sua cadela para fazer companhia a Zeus. Ele anda tão carente.

Gloria Kirinus. *Aranha Castanha e outras tramas: crônicas e contos*. São Paulo: Cortez, 2006. p. 52-54.

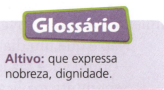

Glossário

Altivo: que expressa nobreza, dignidade.

Unidade 8

A roupa nova do imperador

Era uma vez um país muito rico, governado por um poderoso imperador. Ele tinha fama de ser justo e bondoso, mas possuía um defeito: era muito vaidoso e sofria de uma afeição sem medidas por roupas. Sua vaidade era tanta, que num mesmo dia trocava de roupas várias vezes. Esta vaidosa afeição roubava-lhe muito tempo e distraía-o de suas funções de governante.

Mas um dia aconteceu algo que o curou para sempre.

Haveria uma festa muito importante para o país e o imperador desejava vestir um traje que deslumbrasse todos que comparecessem à cerimônia. Chamou os mais famosos alfaiates para escolher o tecido e o modelo, mas ninguém conseguia satisfazer plenamente sua vaidade.

– Será possível – exclamava – que vocês não podem me oferecer o que preciso? Tenho que deslumbrar meus súditos!

Um cortesão pediu licença para dar a sua opinião.

– Senhor... – disse o homem. – Ontem eu estava no porto e ouvi dizer que dois extraordinários tecelões haviam chegado. Talvez eles consigam confeccionar o que Vossa Majestade necessita.

O imperador ordenou que lhe trouxessem os dois tecelões. Na verdade, eram dois vigaristas que, sabendo da mania do imperador, desejavam tirar proveito. Já na presença do monarca, eles se desfaziam em reverências.

– Sua fama – começou a dizer o imperador – chegou até o meu palácio. Em breve haverá uma festa e quero saber que tecidos vocês me oferecem para o traje que devo vestir.

– Ah, senhor! – respondeu um dos pilantras. – O tecido com o qual será feito o traje que Vossa Majestade vai vestir ainda não foi criado. Ninguém o viu ainda e nem deverá ver até que esteja absolutamente pronto. Esse tecido será feito especialmente para o senhor e, para fazê-lo, usaremos um procedimento secreto. Ninguém jamais se vestiu com ele e somente Vossa Majestade vestirá, pela primeira e única vez. Com esse tecido faremos um traje que será a admiração de todo o mundo.

O imperador encheu-se de orgulho e satisfação ao ouvir estas palavras.

– Pois bem – disse ele, enfim. – Só falta vocês me dizerem em que consiste esse tecido tão raro e do que vão precisar.

– Senhor, o tecido é maravilhoso. Deve ser feito com fios de ouro e prata. Porém, o mais extraordinário nesse tecido é que será invisível para todos os que são tolos ou ocupam cargos que não merecem.

O imperador ficou maravilhado: não apenas usaria o mais sensacional dos trajes, como também poderia saber quais de seus ministros e conselheiros eram tolos ou ocupavam cargos que não mereciam. Ordenou que se instalassem no palácio, pois queria tê-los por perto para se informar sobre o progresso da costura.

O tempo passou e os dois tecelões pediam constantemente que lhes fornecessem fios de ouro e de prata. Armaram ali o tear e fingiam tecer durante todo o dia. Os fios eram guardados cuidadosamente, é claro, e nada havia no tear. Mas eles moviam os braços como se tecessem e, de vez em quando, paravam para contemplar a obra, exclamando em altos brados:

– Fantástico! Maravilhoso!

Os curiosos que os escutavam informavam ao imperador. Este já não aguentava mais de vontade de ver o tecido, mas devia esperar que o trabalho estivesse adiantado.

Um dia, impaciente, encarregou seu primeiro-ministro de ir até lá ver o tecido. O bondoso homem foi ao cômodo onde os pilantras teciam e, por mais que olhasse, não via nada. Então foi invadido por um medo terrível... Seria ele tolo? Estaria ocupando um cargo que não merecia? Convencido de que o motivo era um destes, fingiu assombrar-se diante da beleza do pano.

– Maravilhoso! – exclamou. – Sim! Isto é mesmo digno do imperador! Vou correndo informá-lo de que o tecido é realmente soberbo.

E depois, com fingido entusiasmo, informou ao imperador que o pano que teciam era maravilhoso.

Esta notícia aumentou a curiosidade do monarca que, dia após dia, enviava um novo emissário para lhe informar sobre o andamento do trabalho. Todos voltavam com a mesma admiração estampada no rosto e, de olhos arregalados, diziam os mesmos elogios, porque morriam de medo de confessar que nada viam.

Finalmente os tecelões anunciaram que o tecido estava concluído e que desejavam tomar as medidas de Sua Majestade para a confecção do traje.

O imperador foi tomar as medidas, cheio de orgulho por poder deslumbrar seus convidados com um traje jamais visto.

Então chegou o momento em que os pilantras anunciaram que o traje estava pronto e, como se o tirassem de um baú, fingiram exibi-lo aos olhos do monarca. Não houve um só na corte que não lançasse uma exclamação:

– Belíssimo! Maravilhoso! Inigualável!

O imperador não sabia que cara fazer porque, na verdade, não via nada...

Mas logo compreendeu que precisava fingir, do contrário todos acreditariam que era tolo ou não merecia ser monarca.

– Magnífico! – murmurou, com a voz embargada.

E não teve remédio senão ficar de ceroula. Os falsos alfaiates fingiram vesti-lo e, por fim, convidaram-no a se olhar no espelho. Por mais que olhasse e tornasse a olhar, não conseguia ver a roupa, e sim a ceroula de bolinhas vermelhas.

Então os pilantras fizeram uma reverência e lhe deram passagem. E assim saiu o imperador, no meio de uma fila dupla de cortesãos, até chegar a sua carruagem aberta, onde se exibia diante do povo.

A carruagem partiu e logo começaram a se ouvir os elogios:

– Que traje mais soberbo! Jamais se viu um tecido igual! O imperador está elegantíssimo!

O soberano estava começando a acreditar que era o único a não ver a roupa, quando ocorreu algo curioso. No meio da multidão estava uma mulher que, ao passar pelo imperador, levantou seu filho nos braços para que o visse melhor. E o menino, que não sabia nada das virtudes do tecido, gritou:

– O imperador está de ceroula!

Todos riram, apesar do respeito que sentiam pelo monarca. De fato, aquele menino dizia a verdade: o imperador estava mesmo de ceroula!

O monarca ficou vermelho de cólera e de vergonha. O desfile foi suspenso e o enfurecido soberano deu ordens para prenderem os dois pilantras. Mas eles já haviam fugido com o ouro e a prata que o vaidoso imperador lhes havia dado.

Desde então, o monarca ficou curado de sua mania e nunca mais deu tanta importância à aparência.

Edson Meira (Coord.). *Contos de Andersen, Grimm e Perrault*. Curitiba: Libris, 2013. p. 50, 52-59.

Glossário

Brado: grito.
Ceroula: roupa masculina, usada por baixo da calça, que cobre da cintura ao tornozelo.
Cólera: raiva.
Cortesão: quem vive ou trabalha na Corte.
Embargado: controlado.
Reverência: cumprimento respeitoso, geralmente feito inclinando-se o tronco para frente.
Soberbo: arrogante.
Tear: máquina usada para fazer tecidos.
Tecelão: quem faz fios ou tecidos.
Vigarista: desonesto.

Unidade 9

http://chc.org.br/jovem-defensora-da-paz

Jovem defensora da paz

22/10/2014

Conheça a menina paquistanesa premiada por defender o direito das crianças a estudar

Estudar é muito importante para o nosso futuro. No Brasil, apesar de muitas crianças ainda estarem fora da escola, todas elas têm assegurado pela Constituição o direito de estudar. Mas sabia que existem lugares em que isso não acontece? Alguns anos atrás, por exemplo, as meninas de algumas partes do Paquistão, um país da Ásia, foram proibidas de ir à escola. Que absurdo!

Isso aconteceu porque o lugar era controlado por um grupo religioso muito radical chamado Talibã, que controlava tudo na vida dos habitantes, em especial das mulheres. Foi quando uma menina chamada Malala Yousafzai se destacou como símbolo da luta por liberdade. Sua atuação foi tão importante que valeu o prêmio Nobel da Paz de 2014 e ela se tornou a primeira paquistanesa e a pessoa mais jovem a receber essa premiação, com apenas 17 anos. Vamos conhecer melhor a história dela?

Pelo direito de estudar

Quando tinha 15 anos, Malala começou a escrever em um *blog* chamado "Diário de uma estudante paquistanesa". Nele, a menina denunciava a pouca liberdade e as dificuldades enfrentadas em seu país sob domínio do Talibã e defendia a educação das crianças. Ela chamou atenção: foi entrevistada por emissoras de televisão e jornais, foi estrela de um documentário e até indicada ao Prêmio Internacional da Paz da Infância em 2011.

Mas a luta da menina também atraiu o ódio do Talibã – tanto que tentaram calar a sua voz. Quando voltava da escola, em outubro de 2012, Malala foi baleada na cabeça por representantes do grupo. Que horror! Mas pode ficar tranquilo, pois ela sobreviveu ao atentado e não desistiu.

Nove meses depois, após várias cirurgias, Malala discursou na Assembleia de Jovens da Organização das Nações Unidas e voltou a defender a educação e a condenar o terrorismo. Hoje, ela vive na Inglaterra, de onde continua sua atuação.

Para Mário Volpi, coordenador do Programa Cidadania dos Adolescentes do Fundo das Nações Unidas para a Infância (Unicef) no Brasil, a menina é um exemplo do potencial dos adolescentes do mundo inteiro. "As sociedades precisam ampliar os espaços de participação, ouvir suas vozes e criar oportunidades de desenvolvimento para garantir que eles exerçam sua cidadania", acredita.

▶ A jovem paquistanesa foi perseguida por defender o direito das meninas de estudar e tornou-se um símbolo da luta pela igualdade.

Dupla premiação

Malala recebeu o Nobel da Paz junto com o indiano Kailash Satyarthi, veterano da luta pelos direitos das crianças, pelo acesso à educação e contra a exploração infantil. A premiação destaca a necessidade de proteger as próximas gerações para garantir um futuro mais harmonioso. "O trabalho infantil é um grande problema e a educação, uma solução para tornar o mundo um lugar melhor", avalia Mário.

A premiação da menina paquistanesa e do ativista indiano pode servir, ainda, para aproximar seus países. Os dois se tornaram independentes da Inglaterra juntos, no século 20, graças aos esforços de um grande líder pacifista chamado Mahatma Gandhi. Mas desde então têm vivido em pé de guerra por causa de regiões de fronteira e de questões religiosas – a Índia é hindu e o Paquistão, muçulmano.

Tratar qualquer pessoa de forma diferente, seja por sua religião, sexo ou qualquer outro motivo é errado. E também não é legal viver brigando com nossos vizinhos! Tomara que o prêmio da Malala sirva de exemplo e ajude a espalhar a paz pela região, não é?

Marcelo Garcia. *Ciência Hoje das Crianças*. Disponível em: <http://chc.org.br/jovem-defensora-da-paz>. Acesso em: 13 jun. 2017.

Glossário

Ativista: quem defende uma causa.
Hindu: seguidor do hinduísmo, a religião da maioria dos povos da Índia.
Veterano: quem serviu por muitos anos o serviço militar.

Atividades para casa

Unidade 1

Leia um trecho do livro *A ilha perdida*, de Maria José Dupré, para fazer as atividades de 1 a 6.

A correnteza do rio era tão forte que puxava a canoa com força; a corda, que já era velha, foi-se gastando e apenas um fio ainda resistia; as ondas volumosas espumavam à sua volta. Henrique correu e entrou na água, colocou as duas mãos numa das bordas da canoa e, com água acima dos joelhos começou a puxá-la para a margem. Eduardo teve medo:

— Cuidado, Henrique. O rio está puxando muito, pode levar você.

— Não há perigo, venha me ajudar.

Eduardo tirou os sapatos e as meias, arregaçou as calças e foi auxiliar Henrique. Os dois tentavam puxar a canoa para terra, mas foi inútil; a correnteza era muito forte nem parecia aquele rio calmo e manso de um dia antes; rugia e espumava carregando tudo em seu caminho. Henrique gritou:

— Força, Eduardo! Segure com força enquanto vou emendar a corda.

Começou a procurar os pedaços de corda que estavam dentro da água, misturados com lama e galhos de árvore. Eduardo começou a cansar-se, falou:

— Ande depressa, daqui a pouco não aguento mais, o rio tem uma força danada.

Henrique pediu, suplicante:

— Espere, Eduardo, tenha paciência. Já encontrei uma ponta, falta só emendar; se você não aguenta, estamos perdidos.

E com as mãos molhadas, procurava amarrar essa ponta de corda na canoa; mas com a pressa, atrapalhava-se e a corda escapava-lhe das mãos e caía na água outra vez. Eduardo gritou:

— Venha você segurar a canoa e deixe a corda por minha conta.

— Você não consegue.

— Consigo. Venha segurar a canoa.

Henrique, nervoso, tornou a prender a canoa com as duas mãos enquanto Eduardo foi tentar amarrar a corda, mas esta estava tão velha que arrebentou duas vezes entre as mãos de Eduardo. Henrique ficou aflito:

— Dobre a corda! Dobre a corda em duas, senão ela arrebenta. Bem Nhô Quim disse que a corda era velha.

Maria José Dupré. *A ilha perdida*. São Paulo: Ática, 2015. p. 40-42.

1 Sobre as narrativas de aventura, é correto afirmar que:

☐ são textos sobre monstros e fadas.

☐ são textos sobre um herói em busca de aventuras.

☐ sempre há um castelo e vários inimigos querendo derrotar o rei.

2 Nas narrativas de aventura, há diversos modos de indicar a passagem de tempo. Marque a alternativa que revela a passagem de tempo no texto.

☐ "Eduardo começou a cansar-se [...]."

☐ "[...] o rio tem uma força danada."

☐ "[...] deixe a corda por minha conta."

3 Releia os trechos a seguir e numere-os na ordem em que aparecem no texto.

☐ "Henrique correu e entrou na água, colocou as duas mãos numa das bordas da canoa [...]."

☐ "E com as mãos molhadas, procurava amarrar essa ponta de corda na canoa [...]."

☐ "Os dois tentavam puxar a canoa para terra, mas foi inútil; a correnteza era muito forte [...]."

4 Releia as duas frases a seguir.

– Cuidado, **Henrique**.
– Espere, **Eduardo**, tenha paciência.

a) As palavras destacadas estão entre quais sinais de pontuação?

b) As palavras destacadas exercem a função de:

☐ chamado (os amigos chamam um ao outro).

☐ pergunta (um amigo faz um questionamento para o outro).

☐ explicação (um amigo explica ao outro algo mencionado antes).

5 Agora, reescreva a frase "Espere, Eduardo, tenha paciência" deslocando a palavra **Eduardo** de acordo com as orientações a seguir. Lembre-se de inserir vírgula onde for necessário.

265

a) No final da frase.

b) No início da frase.

6 Na atividade anterior, o sentido da frase se manteve depois das alterações? Justifique sua resposta.

7 Leia a tirinha a seguir.

Mauricio de Sousa.

a) No segundo quadrinho, o que a expressão do rosto do pai de Chico Bento indica? Por que ele se sente assim?

b) Há duas vírgulas no texto dessa tirinha. Qual é a função delas e o que separam?

8 Complete cada dupla de palavras com **f** e **v** e observe a mudança de sentido com a troca de apenas uma letra.

a) _____aca – _____aca

b) _____ila – _____ila

c) _____oto – _____oto

d) _____era – _____era

9 Leia o trecho de um relato do navegador Amyr Klink sobre uma de suas expedições marítimas.

Acordei no dia seguinte sobressaltado, dolorido após o esforço feito na **véspera**. Mal me lembrava de ter deitado para dormir. Encaixado no fundo da **popa**, eu não sentia o movimento do barco e só via o horizonte e as estrelas passando rápido pela janelinha. Mas, ao me levantar para ir ao trabalho, percebi que o mar piorara bastante durante a noite. Paciência! Agora era comigo mesmo. Tinha um imenso e desconhecido oceano pela frente que na verdade me atraía. E comecei a remar. Remar de costas, olhando para trás, pensando para frente. Eu queria me afastar o mais rapidamente possível da costa africana. [...].

Amyr Klink. *Cem dias entre céu e mar*. São Paulo: Companhia de Bolso, 2005.

▶ Amyr Klink em Salvador, Bahia, em 1984.

Glossário

Popa: a parte de trás de uma embarcação.
Véspera: o dia anterior.

a) Releia a primeira frase do texto. O que quer dizer **sobressaltado**? Se não conhecer essa palavra, tente entender seu sentido pelo contexto ou consulte o dicionário.

_____
_____

b) Por essa primeira frase e pelo que o autor conta a seguir, o que você acha que aconteceu no dia anterior?

_____
_____

c) O que você entende do trecho "Remar de costas, olhando para trás, pensando para frente"?

_____
_____
_____
_____

Unidade 2

Leia a seguir um trecho do livro *Lendas negras*, de Júlio Emílio Braz, para fazer as atividades 1 a 9.

O homem-leão e o gado

Há muito que os pastores naquela região esquecida do Mali, bem na parte central da África, tinham perdido a paciência com aquele estado de coisas. Um leão vinha atacando seus rebanhos e, nos últimos dias, três de suas vacas tinham sido mortas.

[...]

Realmente parecia não haver nada o que fazer contra aquela criatura demoníaca que vinha atacando seus rebanhos. Por fim, um deles sugeriu que fossem procurar o feiticeiro.

– A troco de quê? – resmungou outro pastor.

– Que mal fará? – contra-argumentou seu companheiro. – Quem sabe ele conheça algum feitiço ou possua um amuleto que nos ajude a afugentar esse leão de nós e de nossos rebanhos...

Não havia muito mais o que fazer e naquele dia mesmo o feiticeiro veio ao vale ver o gado.

– Há um meio... – garantiu ele, misterioso, coçando a longa barba.

– Há? – a pergunta apareceu ao mesmo tempo na boca de vários dos pastores, embalada por certo tom de descrença.

– ... mas nada além de um mês!

– Bom, um mês de proteção é melhor do que nada, não é mesmo? – afirmou um dos pastores mais velhos.

Todos sacudiram a cabeça.

– Mas essa magia é bem cara e terá um preço bem alto para todos...

– Quanto é?

O feiticeiro apontou para a maior e mais gorda entre as vacas do rebanho.

– Mas é a vaca mais valiosa que temos! – protestou um dos pastores.

– Mas amanhã o leão pode matá-la, e muitas outras, e vocês não terão nada.

[...] A magia do velho feiticeiro, apesar de cara, realmente funcionava e aqueles dias de paz eram preciosos para todos. Durou um mês, como ele garantira e, ao fim desse mês, como poucos esperavam, o leão voltou a atacar.

Ao contrário das outras vezes, agora o mais velho entre os pastores o viu, um animal enorme, de longas e afiadas garras, vasta juba dourada esvoaçante, derrubando uma das vacas e rasgando-lhe as carnes com incrível rapidez e ferocidade.

[...]

Mais uma vez o feiticeiro foi chamado e mais uma vez levado ao rebanho. O mais velho entre os pastores ainda chegou a lhe perguntar se não haveria um feitiço mais poderoso para manter o leão distante por mais tempo, mas o feiticeiro não lhe deu muitas esperanças, afirmando:

– Eu não tenho poderes para proteger seu rebanho por mais de três meses. A verdade é que para feitiço tão poderoso eu preciso recorrer a magias mais fortes e dispendiosas...

– Não se preocupe. Nós estamos preparados para lhe dar três vacas...

– Três das maiores e mais gordas – salientou o feiticeiro, os olhos brilhantes de cobiça.

– Nós concordamos com isso – disse o velho pastor.

E mais uma vez o feiticeiro executou o ritual mágico que viria a proteger o rebanho, dessa vez por mais três meses. Acontece que, feita a magia, os pastores acharam que o preço dobrado era alto demais...

– Dar três de nossas vacas maiores e mais gordas? Absurdo!

Outros concordaram e alguns até foram mais longe, afirmando:

– Mataram um leão ainda ontem lá no rio. Talvez tenha sido por esse motivo que não atacaram o rebanho ontem e não por causa do feitiço de qualquer um...

Claro que o feiticeiro ficou com muita raiva ao saber que os pastores não pretendiam cumprir com o prometido e sua raiva foi tamanha que alguns pastores, preocupados, chegaram a dizer que seria melhor pagar a ele. A maioria, no entanto, considerou que era tarde demais e o melhor a se fazer seria atravessar o rio Níger e assim mudar o acampamento e o rebanho para a outra margem.

[...]

[...] Mal tinham acabado de se estabelecer num novo acampamento e viram o feiticeiro embarcar numa barcaça. Além de barqueiro, seu proprietário era conhecido como o patrono do rio. Possuía poderes mágicos com os quais zelava pelos pescadores das aldeias ribeirinhas, bem como por todos os que necessitavam atravessar as águas traiçoeiras do grande Níger.

Logo que o feiticeiro embarcara, o barqueiro notara os seus olhos estranhamente dourados e seus dentes muito aguçados. Também não lhe escapara aos olhos penetrantes a pele inquieta do velho – como se por baixo dela houvesse algo como pelo. A vasta cabeleira dele lembrava a juba despenteada de um leão.

O barqueiro observou-o a viagem inteira e, ao se aproximarem da margem, notou a sua inquietação, como fungava impacientemente o ar ao perceber o cheiro do gado. Em dado momento, o feiticeiro chegou até mesmo a um rugido de satisfação. Não um rugido qualquer, mas o rugido de um... um... um...

Leão!

Não havia mais dúvida, pensou o barqueiro. Aquele era o homem-leão que vinha apavorando todas as vilas ribeirinhas e atacando com tanta ferocidade os rebanhos.

Dito e feito. Foi só o barco se aproximar da margem e o feiticeiro saltar para a terra já se transformando num enorme e assustador leão.

[...]

Júlio Emílio Braz. *Lendas negras*. São Paulo: FTD, 2001. p. 32-43.

1 Por que os pastores da aldeia estavam tão sem paciência?

_____

_____

2 Ao se referir ao leão, os pastores diziam ser uma criatura demoníaca. Por que eles o consideravam assim?

_____

_____

3 Assinale com **X** a alternativa correta.

☐ Nem todos os pastores concordaram com a ideia de chamar um feiticeiro para resolver o caso.

☐ Os pastores concordaram em chamar o feiticeiro desde que ele garantisse que estariam seguros para sempre.

4 Como o feiticeiro justificou o preço cobrado na primeira vez que foi chamado na aldeia?

_____

_____

5 Leia as frases e assinale com **X** a(s) alternativa(s) correta(s).

☐ Na segunda vez que foi chamado, o feiticeiro recebeu dos aldeões três vezes mais pelo serviço.

☐ Mesmo concordando que o trabalho do feiticeiro tinha sido bem-feito na primeira vez, muitos aldeões consideraram caro o preço que ele queria cobrar na segunda vez.

☐ Para fugir do ataque do leão, os aldeões decidiram ir para a outra margem do rio Níger e lá montar acampamento.

☐ Na segunda vez, depois que o feiticeiro fez a magia, os aldeões não quiseram pagar pelo serviço por acharem o valor muito alto e por duvidarem que o feitiço fazia algum efeito.

6 Há, na história, um elemento mágico. Explique, com base no texto, qual é esse elemento.

_____

_____

7 No início da história, o feiticeiro pede uma vaca como pagamento para deixar a aldeia livre do leão durante um mês. Compare essa afirmação com o trecho a seguir, do final do texto.

Foi só o barco se aproximar da margem e o feiticeiro saltar para a terra já se transformando num enorme e assustador leão.

a) Por que o feiticeiro conseguiu deixar a aldeia livre dos ataques do leão na primeira vez que foi chamado?

_____

_____

b) Por que, na segunda vez que foi chamado, o feiticeiro pediu como pagamento três vacas?

_____

_____

8 Complete o quadro a seguir com elementos da estrutura do texto.

Narrador	
Personagens	
Espaço	
Tempo	

9 Apesar de o tempo não ser definido, há um trecho na história que dá uma pista sobre ele. Copie esse trecho nas linhas a seguir.

_____

Unidade 3

Você lerá a seguir um trecho da peça infantil *O pequeno conselheiro do rei*.

O pequeno conselheiro do rei

Cenário: UM REINO QUALQUER.
SONS DE CLARINS EM *OFF*.
ENTRAM EM CENA GEN. AICIRTAP E SEUS GUARDAS.
Gen. Aicirtap – Silêncio!!! O Rei vai falar!
Guarda 1 – O Rei vai falar!
Guarda 2 – Vai falar!
Guarda 3 – Vai, sim!
Gen. Aicirtap – (PARA OS GUARDAS) Calem a boca, seus idiotas! O Rei vai falar!!
Guarda 1 – O Rei vai...
Os Guardas – Pssiiiiuuuu!!!!!!!!
ENTRA EM CENA O REI DOM OLUAP I

Rei Oluap I – "Povo de Lisarb, eu, Dom Oluap I, Rei desse lugar, decidi que para atender minhas necessidades... Não sei se vocês sabem? Faz dias que não como caviar!... Preciso comprar um castelo novo, conquistar o Reino do Norte, preciso de mais alguns colares e pulseiras de ouro! E minha coroa? (MOSTRANDO-A À PLATEIA) Não aguento mais me olhar no espelho!... Mas, como eu ia dizendo... A partir de hoje, todas as crianças de Lisarb estão proibidas de brincar e de estudar também e terão de agora em diante que trabalhar, trabalhar, e pagar impostos ao Rei, isso é, a mim, para que eu possa comprar minhas lembrancinhas!... E querem saber do que mais? Estou fazendo tudo isso porque sou mau, muito mau, malvado, malvadão! E pronto!... General, que se cumpra a ordem do Rei!".
O REI SAI DE CENA. VAIAS DE PROTESTOS EM *OFF*.

Gen. Aicirtap – Que se cumpra a ordem do Rei!
Guarda 1 – Que se cumpra a ordem do Rei!
Guarda 2 – Que se cumpra a...
Guarda 3 – Que se cumpra...
Gen. Aicirtap – Calem a boca, seus cabeças de minhoca! Vamos logo fazer cumprir a ordem do Rei!
Guardas – Sim senhor, general!
VAIAS DE PROTESTOS EM *OFF*.

Paulo Sacaldassy.

1 Copie o quadro a seguir no caderno e complete-o com base no texto.

Personagens	Cenário	Conflito

2 Como o leitor sabe que personagem está falando?

_____

3 No início da história, o rei diz que precisa atender às necessidades dele. O que você acha de um governante pensar somente nos próprios interesses? Explique sua resposta.

_____

_____

4 Releia este trecho do texto dramático.

Estou fazendo tudo isso porque sou mau, muito mau, malvado, malvadão! E pronto!

◆ Você concorda com o rei e o considera malvado? Justifique sua resposta com um trecho do texto.

_____

_____

_____

5 O texto dramático não começa com o diálogo dos personagens, mas com uma explicação. Qual é a função dessa explicação?

_____

6 Como é possível perceber o sentimento dos personagens no texto dramático:

a) escrito? _____

b) encenado? _____

273

7 Na peça de teatro, predomina o diálogo entre os personagens. Na encenação, é possível ver quem fala e quando fala. E se estivermos lendo uma peça de teatro, como é possível perceber isso?

_____

_____

Agora leia o trecho de um conto de artimanha para responder às atividades 8 a 12.

Antes só do que mal acompanhado

Cansado de vagar sozinho pelo mundo, Pedro Malasartes arrumou dois companheiros para andar consigo.

Enquanto tinham comida, tudo ia bem e o início da viagem seguia de modo muito agradável. Logo, porém, começaram os problemas e os desconfortos, pois um cavalo não carrega três homens; se pediam pernoite, tinha de ser para três; também quando sentiam fome, precisavam arrumar comida para três. Assim, as coisas foram piorando, piorando... a ponto de só restar um pão velho e duro para ser dividido entre eles.

Como o pão era muito pequeno para ser repartido entre os três esfomeados, cada um fez alegações em defesa de seu direito de comê-lo sozinho. No entanto nada concluíram.

Um deles teve a ideia de irem dormir e, quando acordassem, cada qual contaria seu sonho. Aquele que sonhasse ter ido mais longe obteria o direito de comer o pão sozinho.

E assim fizeram...

Quando o dia amanheceu, sentaram-se os três para contar como havia sido o sonho.

[...]

– E você sonhou, Malasartes?

– Não sonhei nada, não.

– Não?!

– Já que no sonho vocês foram tão longe, tão longe... pensei que não voltassem mais. Então, levantei-me da cama e comi o pão sozinho, para ele não estragar.

Nelson Abissú. *Aventuras de Pedro Malasartes*. São Paulo: Cortez, 2009. p. 45-46.

8 O texto começa com "Cansado de vagar sozinho pelo mundo [...]". Quem está "falando" nesse trecho?

☐ O narrador da história.

☐ Pedro Malasartes.

☐ Outro personagem da história.

9 Quem é o personagem principal dessa história?

_____

10 Qual esperteza Malasartes usa nessa história e por que ele faz isso?

_____

_____

11 Qual problema os três amigos estavam enfrentando? Esse problema era grave?

_____

_____

12 Pedro Malasartes agiu de maneira correta ao se favorecer e comer o pão sozinho?

_____

_____

_____

13 Procure nos trechos lidos cinco palavras que tenham duas vogais na mesma sílaba.

a) Transcreva essas palavras nas linhas a seguir.

_____

_____

b) Quando há duas vogais na mesma sílaba, dá-se a esse grupo de vogais o nome:

☐ Tritongo.   ☐ Ditongo.   ☐ Dissílaba.

Unidade 4

Leia a seguir o trecho de um texto publicado no *site* da revista *Ciência Hoje das Crianças* para responder às atividades 1 e 2.

Muita iluminação, pouca visão

Você sabia que está cada vez mais difícil observar as estrelas no céu à noite? Esse é apenas um dos diversos problemas que a poluição luminosa causa. Além disso, ela pode prejudicar os animais, dificultar o trabalho de astrônomos e até atrapalhar a nossa saúde! Que perigo, não é? Mas você sabe do que estamos falando?

"Poluição luminosa é quando a iluminação artificial é usada de forma exagerada e inadequada", explica a astrônoma Tânia Dominici, do Laboratório Nacional de Astrofísica. Se você mora em uma cidade grande, pode dar um passeio à noite e conferir: são muitos postes de luz, decorações luminosas em prédios e monumentos públicos, sem falar nas casas e prédios com muitas lâmpadas acesas.

Um dos problemas causados pela poluição luminosa é atrapalhar a vida dos animais que se guiam pelo brilho das estrelas. Os pássaros, por exemplo, usam as estrelas como guia na fase migratória. Quando passam por uma cidade muito iluminada, eles podem se perder do seu bando, não completar o processo de migração ou até mesmo bater nos prédios durante o voo, o que pode levar à morte.

[...]

▶ A poluição prejudica os instrumentos de observação astronômica. O telescópio do Observatório do Pico dos Dias, em Itajubá, Minas Gerais, tem sua capacidade afetada pela poluição luminosa.

Ciência Hoje das Crianças, 5 mar. 2013. Disponível em: <http://chc.org.br/muita-iluminacao-pouca-visao>.
Acesso em: 29 abr. 2019.

1 Releia o título do texto. Com base nele, seria possível saber o assunto do texto? Por quê?

_____

_____

_____

2 Uma das principais características de um artigo de divulgação científica é a presença de informações de especialistas no assunto abordado. No texto lido, o tema tratado é a poluição luminosa. Sobre isso, faça o que se pede a seguir.

a) Quem é a autoridade no assunto?

_____

b) Quais as principais informações ditas por ela? Escreva com suas palavras.

_____

_____

c) Que palavras foram usadas para apresentar a especialista no assunto?

_____

_____

d) Por que essa pessoa pode ser considerada autoridade no assunto?

_____

3 Complete as palavras a seguir com **-agem**, **-oso** ou **-eza**.

a) folh_____   c) maravilh_____   e) atenci_____

b) real_____   d) riqu_____   f) ram_____

4 As palavras que você completou no exercício anterior são derivadas de outras. Qual é a palavra primitiva de cada uma delas?

_____

_____

277

Releia os trechos a seguir retirados do texto lido e responda às atividades 5 a 9.

Trecho 1
Além disso, ela pode prejudicar os animais, dificultar o trabalho de astrônomos e até atrapalhar a nossa saúde! Que perigo, não é? Mas você sabe do que estamos falando?

Trecho 2
"Poluição luminosa é quando a iluminação artificial é usada de forma exagerada e inadequada."

5 No trecho 1, são usadas várias vírgulas. Elas estão:

☐ separando termos de uma lista. ☐ separando informações diferentes.

☐ juntando informações diferentes.

6 O que indica o ponto de exclamação no primeiro trecho?

_____

7 Há, também, no trecho 1, duas perguntas. A quem elas são dirigidas?

☐ Ao especialista no assunto. ☐ Ao leitor.

☐ Ao autor do texto.

8 O segundo trecho está entre aspas, indicando que é a fala de alguém. Nesse caso, as aspas isolam a fala do restante do texto. De que outra forma uma fala pode ser apresentada?

_____

9 Agora, reescreva o trecho 2 utilizando dois-pontos e travessão para dar continuidade ao trecho a seguir.

A astrônoma Tânia Dominici _____

_____

_____

_____

Observe o fôlder a seguir para responder às atividades 10 a 13.

10 O objetivo do fôlder é informar o leitor sobre um assunto e convencê-lo a assumir uma atitude, adotar um hábito ou comprar um produto.

- No caso do fôlder acima, qual foi a intenção de seus criadores?

___

11 Que recursos visuais foram utilizados no fôlder para que alcance seu objetivo?

___

▶ Serviço Social da Construção (Seconci-SP). Disponível em: <www.seconci-sp.org.br/midia/131877921794160362.pdf>. Acesso em: 29 abr. 2019.

12 Por que o autor usou a palavra **todos** no texto do fôlder?

___

13 O fôlder é utilizado para divulgar de forma objetiva uma ideia, um produto ou uma campanha. Observe novamente o fôlder e escolha a alternativa que indica corretamente as características dele.

☐ As imagens não ocupam muito espaço, pois as informações precisam ficar bem explicadas.

☐ São usados tanto recursos de texto, geralmente com letras grandes e coloridas, quanto de imagem, pois as informações precisam ser bem objetivas.

☐ As imagens mostram uma propaganda do governo que produziu a campanha.

Unidade 5

Leia a HQ a seguir para responder às atividades 1 a 5.

Mauricio de Sousa.

1. Releia o primeiro e o segundo quadrinhos.
   a) O que os balões de fala com um ponto de interrogação representam?
   _____
   _____

   b) A expressão e o gesto de Cebolinha no segundo quadrinho reforçam o sentido desses balões? Explique.
   _____
   _____

   c) Observe o balão de fala que sai da nuvem de pó no primeiro quadrinho. As palavras "Cof! Cof! Cof" reproduzem que som?
   _____

2. Agora faça o que se pede.
   a) Faça um **X** nos quadrinhos em que o leitor fica sabendo o que era a nuvem de pó.
   b) O que causava essa nuvem de pó?
   _____

3. Que característica de Cascão o leitor precisa conhecer para entender o humor dessa tirinha?
   _____

4. Na frase "Que tal um abraço?", a concordância nominal é feita corretamente? Isto é, as palavras um e abraço combinam quanto ao gênero (masculino ou feminino) e ao número (singular e plural)? Explique.
   _____
   _____

5. A HQ que você leu não tem título. Crie um título para ela. Lembre-se: deve ser uma frase curta, criativa e que tenha relação com o conteúdo da história.
   _____

Leia o poema a seguir para responder às questões 6 a 8.

A velhinha

O sol brilhou forte
na rua agitada,
bem quando a velhinha
saiu de sua casa.

Olhou o semáforo,
ouviu as buzinas
e bem calma esperou
parada na esquina.

A luz verde custava
demais a chegar.
E a ela só mesmo
restava esperar.

Movimento era intenso,
as ruas lotadas.
Tinha gente demais
só naquela calçada

E empurra de um lado
e esbarra no outro
e a velhinha ficou
por ali mais um pouco.

Novamente a luz verde
acendeu, afinal
mas um carro apressado
não viu o sinal.

E por um ou por outros
motivos iguais,
a velhinha esperou
muito tempo. Demais!

A tarde chegou
e ninguém percebia
o que aquela velhinha
somente queria.

Waldomiro Neto

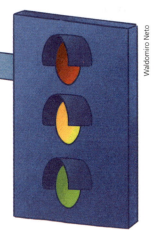

Não teve uma ajuda
uma só mão amiga
e, na esquina, a velhinha
sobrava esquecida.

E então veio a noite
e o frio, a garoa,
e a velhinha, calada,
esperava à toa.

Abria e fechava sinal
sem parar.
Nem carro, nem gente
a deixavam passar.

E toda encolhida
bem decepcionada
com aquele passeio
tão tolo que fez,
ela foi para casa
e entrou outra vez!

Sônia Forjaz. *Preciso de você*. Belo Horizonte: Lê, 1996. p. 52-53.

6 Marque a alternativa correta sobre a **organização do texto**.

☐ O texto está organizado em parágrafos e linhas.

☐ O texto foi organizado com alguns parágrafos.

☐ O texto foi organizado em estrofes e versos.

7 Volte ao poema e pinte as rimas com lápis coloridos.

8 Em quais versos estão as rimas?

_____
_____
_____

Unidade 6

Leia o texto a seguir para responder às atividades 1 a 4.

Você é uma pessoa engajada?

Alguém engajado, segundo o Dicionário Priberam, é aquele que "se envolve politicamente ou a serviço de uma causa". Na prática, é uma pessoa que se dedica a um projeto no qual acredita.

Ao contrário do que muitos pensam, não é preciso ser adulto ou ter um cargo importante para se engajar. De acordo com o Estatuto da Criança e do Adolescente (conjunto de normas que protege quem está nessa fase da vida), menores de idade têm o direito de opinar, expressar-se e participar da vida política.

Veja alguns exemplos de jovens engajados e se inspire na atitude deles.

[...]

Política para crianças

Ryan R., de 15 anos, é de Três Corações (MG) e foi um dos vencedores da edição de 2018 do Câmara Mirim, um programa em que jovens do 5º ao 9º ano criam projetos de lei que serão analisados e votados por uma comissão composta por estudantes – em outubro, a Câmara dos Deputados, em Brasília, receberá cerca de 300 alunos, que vão debater as propostas vencedoras. O projeto de Ryan, selecionado entre 966 propostas, sugere que os orelhões sejam substituídos por pontos de *wi-fi* gratuito, com entradas USB para carregar o celular. "Em Nova York [nos Estados Unidos] já existia uma iniciativa desse tipo. Pensei que isso também poderia ser implantado no Brasil. Seria uma ótima maneira de facilitar a vida das pessoas", diz ele.

Em ação pelo bairro

Com a mãe e alguns conhecidos, Giuliano M., de 13 anos, ajudou a reformar uma praça do bairro do Jaguaré, na cidade de São Paulo (SP), em 2017. O local estava abandonado e precisava de uma revitalização urgente. "Nós tiramos o lixo, pintamos os bancos e plantamos cerca de dez mudas", conta. Giuliano afirma que a experiência foi muito gratificante e que ficou feliz de ver o lugar mais limpo. "Se todos nos juntarmos para fazer projetos como esse, nossa cidade ficará bem melhor."

Ajuda escolar

Steffany da S., de 12 anos, resolveu dar aulas de reforço para crianças que moram na comunidade dela, a Roda de Fogo, no Recife (PE), em 2016. Ela estava brincando de escolinha com as primas quando teve a ideia de ajudar estudantes que tinham dúvidas sobre conteúdos da escola. "Os alunos chegam do colégio às 17h40. Eles trocam de roupa e vão para o beco, onde eu dou aula", conta. "Começamos fazendo exercícios do livro de Matemática, que é a matéria de que eu mais gosto. Agora, dou aula de todas as disciplinas."

Joanna Cataldo. *Joca*, São Paulo, ed. 120, p. 3, set./out. 2018.

1 No início do texto é dito que **engajada** é "[...] uma pessoa que se dedica a um projeto no qual acredita". Você se identifica com essa ideia? Por quê?

_____

2 Somente adultos e jovens podem ser engajados com causas sociais? Explique.

_____

3 O texto que você leu é uma reportagem.
   a) Onde esse tipo de texto é publicado?

   ☐ Em livros e dicionários.   ☐ Em jornais, revistas e *sites*.

   b) Qual é o assunto da reportagem?

   _____

4 Leia novamente o título da reportagem.
   a) Qual é a função dele? Marque a resposta certa.

   ☐ Fazer com que o leitor entenda o texto.

   ☐ Atrair a atenção do leitor e despertar seu interesse pelo texto.

   ☐ Mostrar uma pesquisa.

   b) Na reportagem que você leu, há três subtítulos. Que informações são apresentadas em cada subtítulo?

   _____

   _____

   _____

   _____

   c) A linguagem utilizada na reportagem:

   ☐ é clara e mostra as informações de maneira direta.

   ☐ é como uma conversa íntima com parentes.

   ☐ é uma linguagem poética, como nos contos de fadas.

285

Leia o texto a seguir para responder às atividades 5 a 10.

Crianças participam de mutirão de limpeza em praia do Paraná

Quem vai para a praia muitas vezes encontra um cenário de Sol, mar, barracas... e muito lixo! Em todo o litoral brasileiro, é cada vez mais comum ver resíduos espalhados na areia ou no mar. Não à toa, em 2015, a revista *Science* divulgou uma lista dos países que mais poluem os mares e o Brasil ficou na 16ª posição, à frente dos Estados Unidos, por exemplo, que figurou em 20º lugar.

Para pessoas que participam de mutirões na praia, a grande quantidade de lixo é algo muito visível. É o caso, por exemplo, do Lucas B., de 10 anos, que fez parte de uma ação de limpeza organizada pela ONG Parceiros do Mar na Praia de Leste, no Paraná, em 2018.

Ele e os colegas da organização não governamental 5C Cultural, da cidade de Paranaguá, **foram** divididos em grupos e, após receber instruções dos adultos, **saíram** pela areia recolhendo o lixo deixado pelos frequentadores. [...]

Sara C., de 11 anos, uma das participantes, diz que, ao todo, o grupo dela recolheu dois sacos de lixo grandes e chegou a encontrar até palitos de pirulito na areia. "As pessoas não levam até o lixo e os resíduos ficam lá jogados", diz. A ação teve participação de adultos e 23 crianças, que recolheram mais de 50 sacos de lixo grandes da praia. Uma forma de diminuir esse impacto para a natureza está ao alcance de todos: sempre recolher o lixo que você produz enquanto se diverte na praia.

[...]

Joanna Cataldo. *Joca*. Disponível em: <https://jornaljoca.com.br/portal/criancas-participam-de-mutirao-de-limpeza-em-praia-do-parana/>. Acesso em: 13 mar. 2019.

5 Após a leitura, complete o quadro com as informações do texto.

O quê?	
Quem?	
Onde?	
Por quê?	

6 Após completar o quadro responda: Qual é o trecho da notícia que contém essas informações? Essas informações correspondem a qual parte da notícia?

_____

_____

7 Em que tempo estão os verbos destacados no terceiro parágrafo?

☐ No presente.   ☐ No passado.   ☐ No futuro.

8 É possível saber, apenas pelo primeiro parágrafo, em que lugar a ação de limpeza acontece? Por quê?

_____

9 Agora reescreva o trecho a seguir mudando o verbo para o futuro.

"As pessoas não levam até o lixo e os resíduos ficam lá jogados"

_____

10 Que efeito a mudança do tempo verbal causa no texto?

_____

11 Observe com atenção as regras de acentuação a seguir.

> Acentuam-se as oxítonas terminadas em: **-a**, **-as**, **-e**, **-es**, **-o**, **-os**.
> Acentuam-se as paroxítonas terminadas em: **-r**, **-us**, **-n**, **-x**, **-uns**, **-os**.

a) Acentue as palavras do quadro abaixo.

> bale   biceps   sofa   cipo   picole
> albuns domino   reporter Venus   polen

b) Agora organize as palavras em oxítonas acentuadas e paroxítonas acentuadas.

_____

_____

_____

Unidade 7

Leia o texto a seguir para responder às atividades 1 a 8.

www2.jornalcruzeiro.com.br/materia/618418/do-leitor

Áreas de lazer

Venho por meio desta carta informar minha grande insatisfação com o problema da falta de área de lazer em meu bairro, Santa Esmeralda. O espaço verde é abundante, mas o mato encontrado dentro dele é alarmante, assim aumentando o índice de roubos e assaltos.

Deixo claro os "dois lados da verdade": o lado do cidadão e o lado da prefeitura, é óbvio que os moradores têm o dever e a obrigação de tomar atitudes produtivas para o assunto, porém é das autoridades maior responsabilidade. Obrigada pela atenção, aguardo melhorias.

B., 14 anos

Cruzeiro do Sul, 21 jun. 2015. Disponível em: <www2.jornalcruzeiro.com.br/materia/618418/do-leitor>. Acesso em: 9 maio 2019.

1 Sobre o texto, marque com **X** a alternativa correta.

☐ O texto é uma carta de reclamação, pois remetente não se identifica.

☐ O texto é uma carta de reclamação, pois expressa uma insatisfação.

☐ O texto não é uma carta de reclamação, pois o remetente não deixa claro o motivo de sua insatisfação.

2 Qual é o motivo da reclamação?

_____

3 O remetente da carta concorda que há espaços verdes na região, mas isso tem causado outro problema. Qual? De acordo com ele, por que isso acontece?

_____

4 Releia este trecho.

[...] é óbvio que os moradores têm o dever e a obrigação de tomar atitudes produtivas para o assunto, porém é das autoridades maior responsabilidade.

- Em sua opinião, o que os moradores poderiam fazer para resolver o problema? E a prefeitura, o que poderia fazer?

_____

_____

_____

5 O primeiro e o segundo parágrafos do texto começam com os verbos **venho** e **deixo**.

a) A quem eles se referem? _____

b) Em que pessoa esses verbos estão?

☐ Primeira.   ☐ Segunda.   ☐ Terceira.

c) Em que tempo verbal está a ação? _____

6 Releia outro trecho.

[...] Agradeço a atenção, **aguardo** melhorias.

a) Reescreva a frase acima imaginando que mais pessoas estivessem insatisfeitas com a situação e tivessem escrito a carta coletivamente.

_____

b) Que mudança o verbo sofreu na frase que você reescreveu?

_____

7 Como ficaria o verbo destacado na forma infinitiva?

_____

289

Você já brincou com *slime*? E alguma vez já tentou fazer *slime*? Se respondeu "não" a pelo menos uma das perguntas, vai gostar do texto a seguir.

Leia-o e responda às questões 8 a 11.

https://casaefesta.com/como-fazer-slime-fluffy-caseiro

[...] *Slime* com sabão em pó e tinta guache

[...] Para fazer essa receita, **você** vai precisar dos seguintes materiais:
- 1 colher (sopa) de sabão em pó
- 50 ml de **água** morna
- 5 colheres (sopa) de cola branca
- 1 colher (chá) de tinta guache
- 4 colheres (sopa) de água boricada

Passo a passo

Misture o sabão em pó com a água morna, até dissolver por completo.

Em outro recipiente, junte a cola branca e a tinta guache, para dar cor à *slime*. Misture bem com a ajuda de uma colher. Quando a mistura estiver **homogênea**, adicione a água boricada.

[...]

Isabella M. Ferreira. Como fazer *slime fluffy* caseiro? Aprenda 5 receitas fáceis. *Casa & Festa*, 24 jul. 2018. Disponível em: <https://casaefesta.com/como-fazer-slime-fluffy-caseiro>. Acesso em: 30 abr. 2019.

8 É possível classificar o texto como instrucional. Essa afirmação se justifica por quais elementos do texto?

_____

_____

_____

9 Retire do texto uma passagem com palavras que indicam ordem, recomendação.

_____

_____

10 Por que as palavras **você** e **homogênea** receberam acento gráfico?

☐ Porque são oxítonas que terminam em vogal.

☐ A palavra **você** é acentuada graficamente porque é oxítona terminada na vogal **e**; a palavra **homogênea** é acentuada graficamente porque é paroxítona terminada em ditongo.

☐ Porque são paroxítonas que terminam em vogal.

☐ Uma porque é oxítona e a outra porque é paroxítona terminada em **-a**.

11 Observe com atenção as palavras do quadro a seguir.

> maracuja – nevoa – cafe – memoria – historia – sofa

a) Acentue-as de acordo com as regras de acentuação das palavras **você** e **homogênea**.

b) Agora organize as palavras na tabela de acordo com essas regras de acentuação.

Mesma regra de **você**	Mesma regra de **homogênea**

Unidade 8

Leia a tirinha a seguir para responder às atividades 1 a 5.

Filipe Remedios.

1 Quais são os argumentos usados pelo personagem mais velho para levar o menino ao parque?

_____

2 O menino queria ir ao parquinho? Qual era o interesse dele?

_____

3 Por que ele precisaria de *wi-fi* no parquinho?

_____

4 De acordo com as regras da gramática, a palavra **onde** usada pelo menino no primeiro quadrinho deveria ser substituída por **aonde**? Por quê?

_____

_____

5 Você já observou como as pessoas usam a palavra **onde** no dia a dia? Em geral elas a usam de acordo com a regra da norma-padrão? Explique sua resposta.

_____

_____

_____

Leia com atenção o texto a seguir e faça as atividades de 6 a 8.

Disponível em: <www.fundacaoculturaldecuritiba.com.br/literatura/agenda>. Acesso em: 20 fev. 2019.

6 Imagine que você pedirá a seus pais ou a outra pessoa responsável por você permissão para participar do evento divulgado, mas que eles não viram essa agenda. Quais informações são as mais importantes transmitir a eles?

_____

_____

_____

7 Onde, em sua região, acontecem eventos como o que está sendo divulgado?

_____

_____

_____

8 As manifestações culturais variam de uma região para outra. Em muitos casos, para organizar esses eventos, as instituições criam:

☐ um caderno. ☐ um cartaz.

☐ um fôlder. ☐ uma agenda cultural.

Leia com atenção o texto a seguir e faça as atividades de 9 a 13.

Folclórica, música

[...]

Criada e aceita coletivamente, a música folclórica traduz ideias e sentimentos comuns de um povo ou de um grupo e se transmite por **tradição oral**. Suas principais fontes são os fenômenos rituais ou lúdicos (jogos), ou a comunicação de fatos e notícias. As composições, anônimas, divulgam-se e se repetem, e assim se transformam e apresentam aspectos novos, adaptados a uma comunidade, até converter-se em patrimônio comum de um grupo social.

Grande enciclopédia Barsa. São Paulo: Barsa Planeta, 2004. v. 6, p. 347.

9 Escolha, entre as opções a seguir, o significado da expressão **tradição oral**.

☐ Aquilo que se escreve e passa de geração para geração.

☐ Algo passado de geração para geração por meio de imagens.

☐ O que é passado de geração para geração pela oralidade.

10 Qual é a importância de transmitir a música folclórica de um povo?

_____

_____

11 De que maneira as composições passam a fazer parte de um patrimônio comum?

_____

_____

12 Segundo o texto, quais são as principais fontes das músicas folclóricas?

_____

_____

13 Cite uma característica do texto que indica que ele é um verbete enciclopédico.

_____

_____

Ismar Ingber/Pulsar Imagens

Leia esta tirinha para responder às questões 14 a 19.

Custódio. Beto Boleiro. Custódio.net. Disponível em: <www.custodio.net/tiras-did-ticas.html>. Acesso em: mar. 2019.

14 No primeiro quadrinho, os amigos estão esperando por Beto, pois ele:

☐ estava atrás de um jogo de futebol para eles.

☐ iria convidá-los para uma viagem ao Polo Sul.

☐ deveria se despedir antes de viajar para a Antártida.

15 Como é possível identificar, no último quadrinho da tira, que o time precisará de roupa de frio?

_____

16 Circule os verbos do primeiro e do segundo quadrinhos da tira.

17 Em que tempo estão os verbos que você escreveu na resposta anterior?

_____

18 Reescreva a fala a seguir no plural. Faça as alterações necessárias.

Onde ele está?

_____

19 Explique as modificações que foram necessárias na atividade anterior.

_____

_____

295

Unidade 9

Leia o texto a seguir para responder às atividades 1 a 7.

Criança deve trabalhar?

Você gosta de brincar, não gosta? Adora? Ah! Tem toda a razão em gostar de brincar. Estudar e brincar, sozinha ou em grupo, são duas coisas das mais importantes na vida de qualquer criança.

Hoje vou falar sobre uma situação que eu acho que você já conhece, mas talvez nunca tenha dado muita importância. Há crianças que não podem brincar.

Não, elas não foram proibidas. Elas não têm tempo, sabe por quê? Porque trabalham. Sim, isso mesmo: trabalham como gente grande, às vezes até em serviços muito pesados que podem prejudicar a saúde.

Quando você vai de casa para a escola, já deve ter percebido que, em alguns cruzamentos, há crianças vendendo guloseimas, pequenos objetos, flores etc. Há também as que fazem malabarismos, por exemplo, e depois pedem dinheiro aos motoristas em troca do pequeno espetáculo.

Mas há também crianças que trabalham em lixões, em plantações, quebrando pedras, colhendo e descascando grãos – como o cacau, que produz o chocolate... você nem imagina!

Muitos pais sabem que elas trabalham: são pobres, e o dinheiro que o filho traz para casa é de grande ajuda. Mas não sabem que o mais importante para a criança é ir para a escola e ter tempo para brincar.

Há crianças que fazem tarefas domésticas: precisam arrumar a cama, lavar louça, essas coisas. Mas isso não é trabalho, é uma colaboração para que a casa fique sempre organizada, e para que a família viva melhor.

Há também as que não trabalham, mas têm a agenda tão cheia de compromissos que também acabam ficando sem tempo para brincar. É como se trabalhassem! Espero que não aconteça isso com você. E, se acontece, é preciso contar a seus pais que sente falta de tempo livre, está bem?

Converse com eles e com os professores a respeito dos direitos das crianças e sobre as que não conseguem ter esses direitos. Vai ser bom ter sua opinião sobre esse assunto!

Rosely Sayão. *Folha de S.Paulo*, 9 abr. 2016. Disponível em: <www1.folha.uol.com.br/colunas/quebracabeca/2016/04/1758875-crianca-deve-trabalhar.shtml>. Acesso em: 28 fev. 2019.

1 Qual é o principal objetivo desse texto?

☐ Fazer uma série de perguntas ao leitor.

☐ Dar a opinião da autora sobre o trabalho infantil.

☐ Apresentar a opinião dos leitores sobre o trabalho infantil.

2 O tema do texto é:

☐ os alunos. ☐ as crianças. ☐ o trabalho infantil.

3 A opinião da autora sobre essa questão é que:

☐ criança deve estudar e brincar.

☐ criança deve trabalhar.

☐ criança deve trabalhar, estudar e brincar em grupo.

4 Releia o último parágrafo e dê sua opinião: Por que criança não deve trabalhar?

_____
_____
_____
_____
_____

wundervisuals/iStockphoto.com

5 Releia estes trechos.

Estudar e brincar, sozinha ou em grupo, são duas coisas das **mais** importantes na vida de qualquer criança.

Hoje vou falar sobre uma situação que eu acho que você já conhece, **mas** talvez nunca tenha dado muita importância.

a) Qual das palavras destacadas tem sentido oposto ao de **menos**?

_____

b) E qual delas poderia ser trocada por **porém**?

_____

c) Se a autora do texto tivesse usado **porém** no lugar dessa palavra, a linguagem teria ficado mais formal ou mais informal?

_____

6 Volte ao texto e releia o terceiro parágrafo. A quem se refere a palavra **elas** no trecho "Não, elas não foram proibidas. Elas não têm tempo [...]"?

_____

7 Volte ao texto e releia o último parágrafo. A quem se refere a palavra **eles** em "Converse com eles e com os professores [...]"?

_____

Leia, a seguir, duas páginas de uma cartilha para responder às questões 8 a 11.

Tribunal Regional do Trabalho da 12ª Região (SC). Programa de Combate ao Trabalho Infantil de Estímulo à Aprendizagem da Justiça do Trabalho. *Trabalho infantil não é brinquedo!* Coan, 2016. Disponível em: <www.chegadetrabalhoinfantil.org.br/wp-content/uploads/2016/12/cartilha-trabalho.pdf>. Acesso em: 11 mar. 2019.

8 Qual é o assunto do texto que você acabou de ler?

_____

_____

9 Releia a razão número 8. O que significa a expressão "visão periférica"?

☐ Conseguir enxergar ao redor, ter um campo de visão maior.

☐ Conseguir enxergar bem, sem óculos.

☐ Não precisar de óculos para enxergar longe.

10 Qual é a principal função da cartilha?

☐ Instruir as pessoas sobre determinado assunto, ou seja, contribuir para educar as pessoas.

☐ Apresentar dados sobre a situação das crianças que trabalham.

☐ Denunciar os estados onde há trabalho infantil.

11 Além do texto verbal escrito, que recursos são utilizados para transmitir a mensagem em uma cartilha?

_____

12 Complete as frases com **mas** ou **mais**.

a) O menino precisa fazer a lição, _____ não acha a caneta.

b) O menino gosta _____ de desenhos do que de filmes.

c) Guilherme gosta de ver televisão à noite, _____ fica com muito sono.

d) Você e suas irmãs gostam _____ de dançar ou de praticar esportes?

e) Eu prefiro dançar, _____ minhas irmãs preferem praticar esportes.

f) Ele está de férias, _____ não poderá viajar.

g) Criança precisa brincar _____ com os amigos.

h) É preciso pensar _____ para resolver as questões.

Referências

ANTUNES, Irandé. *Aula de português*: encontro e interação. São Paulo: Parábola Editorial, 2003.

BAGNO, Marcos. *Nada na língua é por acaso*: por uma pedagogia da variação linguística. São Paulo: Parábola Editorial, 2007.

BAKHTIN, Mikhail. *Marxismo e filosofia da linguagem*. São Paulo: Hucitec, 2009.

_____. Os gêneros do discurso. In: _____. *Estética da criação verbal*. São Paulo: WMF Martins Fontes, 2010.

BAZERMAN, Charles; DIONISIO, Angela P.; HOFFNAGEL, Judith C. *Gêneros textuais, tipificação e interação*. São Paulo: Cortez, 2011.

BRASIL. Ministério da Educação. Secretaria de Educação Básica. *Base Nacional Comum Curricular*. Brasília, 2017.

_____. Ministério da Educação. Secretaria de Educação Básica. *Diretrizes curriculares nacionais para o Ensino Fundamental de 9 (nove) anos*. Brasília, 2010.

_____. Ministério da Educação. Secretaria de Educação Básica. *Pacto nacional pela alfabetização na idade certa*. Brasília, 2012.

_____. Ministério da Educação. Secretaria da Educação Fundamental. *Parâmetros curriculares nacionais*: 1ª a 4ª série. Brasília, 1997.

CAGLIARI, Luiz Carlos. *Alfabetização e linguística*. São Paulo: Scipione, 2010.

COELHO, Nelly N. *Literatura infantil*: teoria, análise, didática. São Paulo: Moderna, 2002.

COLL, César et al. *O construtivismo na sala de aula*. São Paulo: Ática, 2006.

_____; TEBEROSKY, Ana. *Aprendendo português*: conteúdos essenciais para o Ensino Fundamental de 1ª a 4ª série. São Paulo: Ática, 2000.

COLOMER, Teresa; CAMPS, Anna. *Ensinar a ler, ensinar a compreender*. Porto Alegre: Artmed, 2002.

COSTA, Sérgio Roberto. *Dicionário de gêneros textuais*. 3. ed. Belo Horizonte: Autêntica, 2014.

DIONISIO, Angela P.; MACHADO, Anna R.; BEZERRA; Maria Auxiliadora (Org.). *Gêneros textuais e ensino*. São Paulo: Parábola Editorial, 2010.

FARACO, Carlos A. *Linguagem escrita e alfabetização*. São Paulo: Contexto, 2012.

FÁVERO, Leonor L.; ANDRADE, M. Lúcia C. V. O.; AQUINO, Zilda G. *Oralidade e escrita*: perspectiva para o ensino de língua materna. São Paulo: Cortez, 2012.

FERREIRO, Emilia. *Com todas as letras*. São Paulo: Cortez, 2010.

FERREIRO, Emilia. *Cultura escrita e educação*. Porto Alegre: Artmed, 2001.

_____; TEBEROSKY, Ana. *Psicogênese da língua escrita*. Porto Alegre: Artmed, 1999.

JOLIBERT, Josette (Coord.). *Formando crianças leitoras*. Porto Alegre: Artmed, 1994.

KATO, Mary A. (Org.). *A concepção da escrita pela criança*. Campinas: Pontes Editores, 2010.

KOCH, Ingedore V.; TRAVAGLIA, Luiz C. *A coerência textual*. São Paulo: Contexto, 2004.

_____. *A coesão textual*. São Paulo: Contexto, 2002.

_____; ELIAS, Vanda M. *Ler e compreender os sentidos do texto*. São Paulo: Contexto, 2006.

LEMLE, Miriam. *Guia teórico do alfabetizador*. São Paulo: Ática, 2007.

LERNER, Delia. *Ler e escrever na escola*: o real, o possível e o necessário. Porto Alegre: Artmed, 2002.

MARCUSCHI, Luiz A. *Da fala para a escrita*: atividades de retextualização. São Paulo: Cortez, 2010.

_____. *Produção textual, análise de gêneros e compreensão*. São Paulo: Parábola Editorial, 2008.

MORAIS, Artur G. de. *Sistema de escrita alfabética*. São Paulo: Melhoramentos, 2012.

PRETI, Dino. *Sociolinguística*: os níveis de fala. São Paulo: Edusp, 2003.

ROJO, Roxane (Org.). *Alfabetização e letramento*: perspectivas linguísticas. Campinas: Mercado de Letras, 1998.

_____; BATISTA, Antônio A. G. (Org.). *Livro didático de língua portuguesa*, letramento e cultura da escrita. Campinas: Mercado de Letras, 2003.

SCHNEUWLY, Bernard; DOLZ, Joaquim et al. *Gêneros orais e escritos na escola*. Campinas: Mercado de Letras, 2004.

SOARES, Magda. *Alfabetização e letramento*. São Paulo: Contexto, 2003.

SOLÉ, Isabel. *Estratégias de leitura*. Porto Alegre: Artmed, 1998.

TEBEROSKY, Ana. *Aprendendo a escrever*. São Paulo: Ática, 1995.

VIGOTSKI, Lev S. *A formação social da mente*. São Paulo: Martins Fontes, 2007.

_____. *Pensamento e linguagem*. São Paulo: Martins Fontes, 2008.

ZILBERMAN, Regina. *Como e por que ler a literatura infantil brasileira*. Rio de Janeiro: Objetiva, 2005.

Encartes

Unidade 3

◆ Figuras para a atividade 5 da página 84.

Unidade 5

Recortar   Colar

◆ Peças para a atividade 1 da página 136.

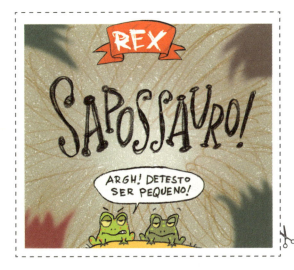

Ilustrações: Ivan Zigg